家事 國事 天下事

——杜月笙「恆社」風雲人物

章榮初三代人一百年的回憶

章濟塘

目錄

第三輯　筆者本人的回溯

封面照片：

1964 年 9 月 15 日筆者出發支邊新疆，祖父與家人在上海火車站相送

封底照片：

1947 年 6 月 30 日筆者父母赴美留學前，攝於上海紹興路家中

緒言

本書是筆者於 2011-2020 年在中國內地雜誌發表的家史文章之合集，記敘一個上海企業家三代在這百年的生活軌跡，乃本世紀歷史的一個側面。

第一代章榮初（1901-1972），世紀同齡，出生在浙江鄉村小鎮，1918 年隻身到上海當學徒，可說是第一代農民工，1928年創建中國第一家華資印染廠，1938 年開設上海十大紗廠之一的榮豐紗廠。在他最輝煌的歲月，既是上海灘顯赫大老闆，也是青幫大亨杜月笙「恆社」的核心人物。1947 年赴台投資，帶了一千紗錠機器，從香港前往台北，到達基隆時，恰是 2 月 28日（「二二八事件」），輪船在基隆海面漂泊三天無法靠岸，鎩羽而歸。1948 年秋章榮初出走香港，終受統戰，於 1949 年初返回上海迎接「解放」，1972 年文革中黯然離世。

章榮初的長子章志鴻（1924-2008），成長於父親事業的黃金時代，四十年代後期留學美國，1950 年 9 月和二百多名留學生登上「威爾遜總統號」歸國，同船有兩彈一星功臣趙忠堯、鄧稼先、涂光熾、羅時鈞等，文革中這些海歸學人幾乎無例外被打成美帝特務。章志鴻是新中國統戰下的一代資本家，文革後頗受重用，由上海市長汪道涵起用為上海市機電局副局長，後派任香港上海實業集團總經理，政協委員及全國工商聯執行委員，退休後移居洛杉磯。

第三代章濟塘（即筆者），章榮初長孫，抗戰勝利前夕1945年初出生上海，自幼從名師學美術，六十年代初階級鬥爭高潮中因出身被拒於美院校門，參加支邊新疆農場，文革中被打成反革命十四年，1981年移居香港。

筆者退休後撰寫的這些文章，所據主要是章榮初和章志鴻撰寫的回憶錄。1963年章榮初應政協文史部門之約，著有一部十五萬字回憶錄《我在舊社會的三十五年》（因文革未出版），詳盡記錄他在三四十年代的經歷，是民國時期大陸私營企業家留下的唯一一部完整自傳。筆者身為上海資產階級一員，記述家族走過的路，相信無人可替代。

本書二十五篇文章，各自成篇，分別刊於內地多份雜誌報章，內容難免有重疊，現集為一冊，筆者作了文字整理，還原這一百年中國私營企業家走過的路。

有人問，你祖父在「解放」前夕返回上海，你父親「解放」初由美歸國，結果經歷了諸多磨難，一定後悔莫及。我要說的是，沒有誰，比和國家患難與共的一代更愛自己的祖國；沒有誰，比與民族共度艱辛的一輩更愛自己的民族。中國近代民族企業創業者，從一開始就和國家民族的命運緊緊相連。拳拳愛國心，錚錚報國情，「實業救國」絕非一句空話，這是膚淺的階級鬥爭論信奉者無法理解的。

在動盪大時代，家庭離不開國家，家事離不開國事，每個人的命運，都和國家存亡息息相關，和民族大局切切相連。

風聲雨聲讀書聲，聲聲入耳；家事國事天下事，事事關心。

故名之「家事國事天下事」也。

2020 年 8 月 15 日記於香港聽雨軒

第一輯
以筆者祖父章榮初為主的家史

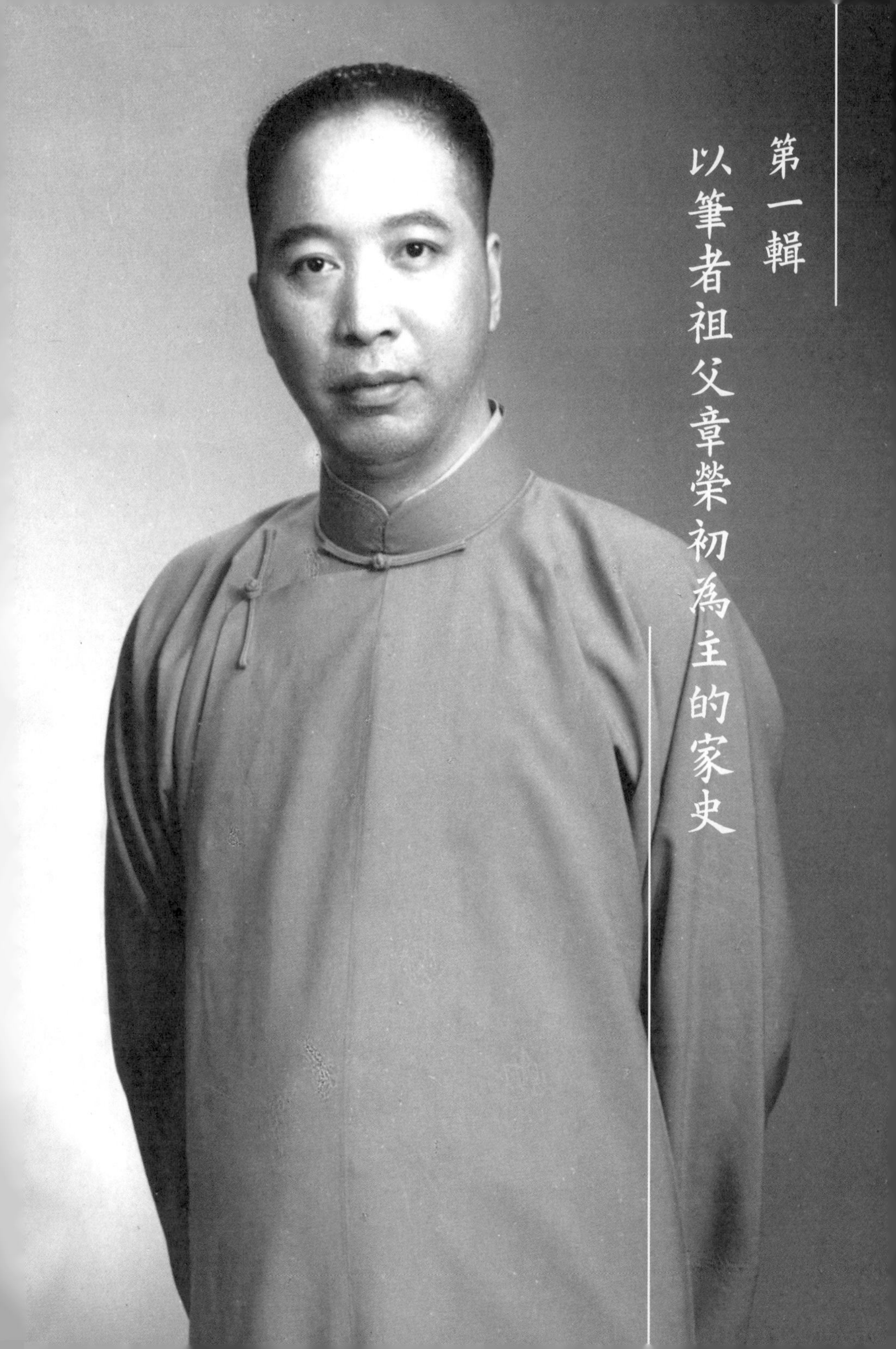

從所謂「杜公館」說起
——章榮初實業救國之路

紹興路之為文化街，已是上海人共識，這條百米小街，至今依然梧桐婆娑，綠樹蔭翳，不像其它馬路高樓林立，面目一律。紹興路的媚力，恰在這蔽空濃蔭下的書香，鬧中取靜的幽雅。

從香港回上海，航機刊物介紹上海旅遊點，「紹興路54號」的標題跳入我眼，在紹興路度過童年的我，倍感親切。看下去不禁笑出來，現在那裡叫作「笙館」，說是「海上聞人」杜月笙的故居。更多傳言稱是杜先生四姨太或五姨太或九姨太的住處，更有說是「有人送給杜母吃素念佛」之處。以訛傳訛，無奇不有。

其實，這是我家舊居，我的出生地。

紹興路54號，原為美國領事館興建的僑民俱樂部，1940年落成後因戰事未使用就出售，由我祖父以四千兩黃金購得，直至1952年成為上海人民出版社社址。

—·—

創實業民族資本　鬥外資三起三落

我祖父章榮初（1901-1972），名增驊，字榮初，祖籍浙江省湖州荻港。荻港章氏名人輩出，如民初外交家章宗祥，中國地質學先驅章鴻釗，教育家章開沅等。章吳兩姓為當地望族，

民謠稱：「章百萬，吳無數。」直到現在，以石板鋪設的荻港老巷，橫鋪的是吳家所鋪，直鋪的是章家所鋪。（《吳興荻港章氏五修家乘》2010）

到我祖父在菱湖鎮出生時，家道中落，景況清寒，他只讀過五年私塾，十四歲就在父親開設的土絲行打雜幫工。1918年冬剛滿十八歲，身揣兩塊大洋，跟姑夫到上海打工。

中國工業現代化與農村與土地有着千絲萬縷的聯繫，直到今天依然如此，章榮初就是一個二十世紀初的農民工。

不知是個人幸運還是社會風氣所然，章榮初在學徒生涯遇到一個好老闆，每天店舖打烊後，老闆督促他寫大小楷十張，學珠算心算，教育他「客人乃衣食父母，做生意童叟無欺」。祖父一生重情義、知報恩，寫得一手好字，心算和記憶力極強，為日後創業打下紮實基礎。

十年辛勞，十年拼搏，章榮初從學徒工、布店夥計、合夥人，到自己創業。1928年買下上海楊樹浦華德路（現長陽路）十七畝土地，開設中國第一家華資印染廠──上海印染廠──此前英資綸昌印染廠獨家壟斷中國印染業。

當時的中國，國弱民窮，民族資本猶如巨石下的幼草，在章榮初拒絕英資兼併後，綸昌發起削價攻勢，兩個月內將出廠印花布從每匹四兩五錢白銀，降到每匹二兩八錢白銀，導致上海印染廠每日虧損一千兩白銀。1930年5月16日章榮初在《申報》刊登《告本埠匹頭業勿定外貨宣言》：「在此千鈞一髮的中國裡，大家需要覺悟了，我以十二分的誠意忠告諸位幾句

話……將提倡國貨的心，常印在腦海裡。」1930 年 9 月上海印染廠終於被英資綸昌壓垮倒閉，一個月後布價隨即被綸昌提高到每匹七兩白銀。

半年後，章榮初在上海商業銀行總經理陳光甫和銀行家郁震東支持下，重新站起來，1931 年 7 月上海印染廠復工。1932 年他買進隔壁五十畝農田，工廠擴大到紡紗、織布、印染，成為全能紡織廠。

章榮初（攝於六十年代初）

面對中國民族資本的崛起，外資是不甘心的，綸昌財大氣粗，故伎重施，再次將出廠布價由每匹七元跌到三元七角（1933 國民政府改革幣制，廢止白銀，改用銀圓），上海印染廠苦撐半年，1934 年 6 月再度倒閉。

經過風雨飄搖的兩年掙扎，1936 年又頑強挺立，易名上海紡織印染廠，更上一層樓，增加紗錠和機器，員工達三千多，成為上海灘最大紡織企業之一。可嘆 1937 年「八一三」日寇進犯上海，處在炮火下的企業終告結束，被日商裕豐紗廠接管。

十年間，三次倒閉，三次爬起，章榮初在 1938 年另設榮豐紗廠，終於在上海紡織業界站穩腳跟。

談起章榮初的往事，沒有誰，比和國家患難與共的一代更愛自己的祖國；沒有誰，比與民族共度艱辛的一輩更愛自己的

民族。中國民族資本，從一開設就和國家民族的命運緊緊聯接，拳拳愛國心，錚錚報國情，「實業救國」不是一句空話。用階級鬥爭理論來解釋社會，是無知而膚淺的。

— · —

找靠山拜師杜鏞　入恆社堪稱中堅

三十年代初的十里洋場，魚龍混雜，黑道白道橫行，即便有一定身價地位，依然如履薄冰。章榮初為了找個靠山，1933年初經黃炎培【註】推薦，拜杜月笙為師，加入了1932年成立的「恆社」。

杜月笙出身十六浦地痞流氓，拜青幫通字輩「套籤子福生」陳世昌為老頭子。1927年中共在上海建立第一支武裝，控制了上海市，蔣介石派陳群等潛入杜府，組織「中華共進會」，誘殺中共領導人汪壽華，發動「四一二」事變，鎮壓了中共武裝，令老蔣在政權之爭中脫穎而出。杜月笙獲封少將參議，儼然社會名流了。

「杜月笙現象」是特殊時代環境所造成，當年租界分治，各自為政，上海這個東方第一商業都市，竟沒有統一的法律、統一的管治，無政府狀態，造就了杜月笙這樣黑白兩道通吃、正邪左右逢源的勢力，憑杜氏「閒話一句」擺平各種社會糾紛、調停八方利益爭鬥，可謂「亂世出英雄」。

杜月笙為進入上層社會，需要改變黑幫形象，大弟子陸京士（國民黨上海市黨部委員）提出在幫會之外，成立一個合法

社團「恆社」，設立高門檻，入社者需具中學以上學歷，文職人員科長以上，文化教育界中學教師以上，軍人少校以上，或者擁有自己企業，如此一來，把杜的幫會弟兄全擋在門外。

恆社成員中商界佔百分之五十四，香港回歸後首任行政長官、現任全國政協副主席董建華的父親董浩雲，香港立法會前主席、現全國人大常務委員徐麗泰的父親徐大統，九龍倉集團主席吳光正的父親吳紹璘建築師，都是恆社成員。恆社的核心是十九人理事會，其中九人為常務理事，杜月笙自任名譽理事長。1933 年 2 月章榮初拜杜為師，加入恆社，1934 年成為九名常務理事之一。（《恆社月刊》第 10 期，轉引自《上海青幫》上海三聯書店）

陸京士主持編寫的《杜月笙傳》有這樣的記敘：

> 恆社八百弟子中，各式各樣人物都有。……杜月笙常說他的學生子中有三匹野馬，他自己拉不住他們的韁。事實上則其言若憾焉，而心實喜之，因為這三匹野馬大有乃師之風，他從這三個學生子身上看到若干年前的自己。……三匹野馬跟杜月笙都很親近，洪雁賓這個招商局船務科長，根據杜月笙的說法，洪雁賓的法道比我還要大！……張子廉不在洪幫，卻替杜月笙擔任洪幫的聯絡者，僅此一點，可見張子廉嚛頭不是一眼眼。
>
> 本事最大，手面最闊，尤能超過乃師杜月笙，上海人講究的三頭：嚛頭、苗頭、派頭一概佔全的，

首推杜月笙的愛徒，恆社中堅分子章榮初。

（章君毅《杜月笙傳》台灣傳記文學出版社）

「八一三」事變後，上海淪陷，杜月笙為避日軍迫降，經香港轉赴重慶，在上海留下他的親信萬墨林、徐采丞作他的代表，當時杜門有「內務萬墨林、外事徐采丞」的說法。

1938 年章榮初在大西路 74 號（現延安西路）開設榮豐紗廠。原為獨資，徐采丞來參觀後，表示杜要入股，於是改為有限公司，杜出資三萬，徐采丞和徐寄廎也各出資三萬。章榮初乃奉杜月笙為董事長，兩徐、他自己和總經理韓志明為常務董事，杜月笙也因此成為中國紡織業聯合會理事長。（徐寄廎是杜月笙親近者，四十年代任浙江興業銀行董事長，上海銀行公會理事長和上海商會會長。）

當時筆者父親章志鴻就讀上海聖約翰大學，母親馬璧如就讀東吳大學商科，外公馬久甫是浙江興業銀行董事經理，1943年春章榮初親自到浙興銀行，託浙興董事長徐寄廎作媒，向馬久甫提親，1944 年 4 月 8 日筆者父母的婚禮在上海麗都花園舉行。

以章家當時的經濟狀況及社會地位，婚禮完全可以極盡奢華，但儘管華麗隆重，卻只有茶點招待，不設酒席。此一是蔣介石提倡節儉新生活運動餘韻，二是杜月笙帶頭的風氣。

杜家總帳房黃國棟有如下記載：「杜月笙的子女都已長大，五個兒子及一個女兒的婚事都在麗都花園舉行，只設茶點

招待，每次來賓千餘人，花費還是很大。杜月笙六十壽辰，也在麗都花園舉行。杜要求節約，每席僅六個素冷盤和一大鍋光麵……」（《杜門舊話》《上海文史資料選輯》第54輯1969年）

婚禮上，馬璧如的伴娘是她表妹張錫瑾，其夫王光復——王光美的五哥——曾在武漢大戰中擊落九架日機的空軍英雄，當時是駐滬國軍空軍上校，1948年去了台灣，任台灣空軍作戰處少將處長多年，八十年代退休移居美國。抗戰勝利六十週年時王光復夫婦應邀到京，獲中國政府頒授「抗戰老戰士」勳章。度盡劫波，柳暗花明，父母和他們在達拉斯重逢，已是相別六十三年之後的2007年。

—·—

抗日寇身陷囹圄　棉紡業黃金時代

「八一三」抗戰全面爆發，烽火四起，但日本尚未對西方宣戰，不能進入租界，租界成為淪陷區內的孤島，到1941年12月6日珍珠港事件之前這幾年稱為「孤島時期」，文化經濟畸形繁榮。

1938年10月榮豐紗廠開工，生意非常好，但處在日寇魔爪之下，朝不保夕。1939年10月，一個日本軍官來到愚園路章榮初家，自

陝西南路145號
（筆者2017年攝）

稱是極司非爾路 76 號的，這是日寇汪偽特工總部，章家人嚇得臉都白了，他要章榮初出面請法租界一位醫生出診。章榮初一聽就明白，這位醫生是抗日人士，當時日本人不能進租界，只有把醫生引出租界才能下手，章榮初對日本軍官說明天要去杭州，後天回來就致電醫生。日軍走後，他立即找地產方面的朋友，在法租界亞爾培路（今陝西南路）租了一所房子，全家動員，用廠裡幾輛卡車半天就把家搬到租界。

不久得知附近愛麥虞限路 74 號已落成要出售，於是以長子章志鴻之名，以「四百根大條」（四千兩黃金）買下來，這就是今天的紹興路 54 號。該宅正樓原只兩層，再加了一層，並在正樓後面的游泳池旁擴建一座曲尺形兩層樓房，供傭人住宿，樓下是廚房和洗衣房等。這樣的豪宅在當時上海，是相當顯赫的。章榮初又用二百五十根大條買下隔壁永嘉路 25 弄 20 號一幢舊式洋房，以杜月笙的名義，供杜的師傅陳世昌一家居住。兩幢房子毗鄰，隔牆開一小門可以來往，章榮初在杜門的地位就更特殊了。

紹興路 54 號
（筆者 2004 年攝）

陳世昌宅
（筆者 2004 年攝）

抗戰淪陷時期，國民黨在上海的組織被日軍破壞，1943 年底，國民黨組織部副部長吳開先再度負命到上海，與第七戰區司令吳紹澍、軍統戴笠協調地下力量，1944 年 4 月，萬墨林向章榮初提出在紹興路 54 號請一批銀行家吃飯，其實是吳開先、吳紹澍、蔣伯誠等，以宴飲打牌為掩護，召開國民黨敵後工作會議。到 6 月，吳開先被叛徒告發，國民黨在上海的電台被日軍破獲，萬墨林等人被捕，章榮初受牽連被抓進日軍憲兵隊。他的回憶錄寫道：

> 　　一個日本憲兵坐在中間寫字檯椅子上，對面也有一隻椅子，日本人把電鈴一按，對面的椅子就動起來，我知道這是電椅子，一會兒來了幾個日本人，拿來十幾塊夾板和許多繩子，把我拖到椅子上去，我硬拼住不肯坐上去，正在這緊張時候，忽然門口來了一個日本人，把門半開地對裡面日本人說了幾句日本話。坐在寫字檯上的日本人對我說：「你不肯坐是嗎？那就換個花樣吧！」他們幾個把我的兩隻手綁起來，腳沒有綁，在這個房間裡四角立四個日本憲兵，把我這個人當皮球拋，先把我拖到一個角裡的日本人旁邊，這個日本人就用力把我一拋，當然不出幾步就跌倒了，他們哈哈大笑，又來把我拉到另一角裡，交給另一個日本人再拋，我跌了十廿次。後來又把我吊起來打，這樣到了下午大約兩點鐘的時候，日本人把我放下來，叫我坐下來對我

> 説：「已經決定了，明天槍斃你。你寫一張遺囑吧！」
> 我說：「橫豎要死了，寫什麼遺囑。」他舉起手來
> 很重地打了我一記耳光，就把我關到牢房裡去。

（章榮初《我在舊社會的三十五年》手稿）

　　章榮初畢竟不是國民黨人，徐采丞花了三十根金條（三百兩黃金）把他保出來，在回家路上，章榮初問徐：「吳開先也被抓了嗎？」徐采丞笑說吳開先是不會抓的。徐采丞奉杜月笙命留在上海，開設「民華公司」，將上海的棉紗紙張等物資運往重慶，再將後方的桐油牛皮運來上海，大發國難財，利益歸杜月笙和戴笠兩人。章榮初不解日本人怎麼睜眼閉眼讓他們進行這樣的戰略物質交易，徐透露日寇知道杜在中國政界舉足輕重，要拉攏杜，進而勸蔣介石放棄抵抗，對日投降，因此允許徐以生意為名保留一部電台和重慶聯絡。因蔣介石、杜月笙堅決抗日，日寇始終未能得逞。

　　萬墨林在極司非爾路 76 號特務機關受了重刑，更被 76 號偵緝隊長漢奸吳四寶敲詐了幾十萬，後經潛伏在日方的唐生明等疏通釋放後，無法在外面活動，在紹興路章家隱居到抗戰勝利。

　　抗戰勝利後，首先進入上海的是美國空軍，章榮初包下「偉達」、「祥生」兩家飯店，辦起「章氏招待所」，免費接待美軍官兵。美第七艦隊進駐上海，司令金凱德四星上將（Admiral Kinkaid. C.I.C.）代表美國政府到章家致謝，章榮初在花園草

坪設宴招待盟軍，陳納德將軍到上海也來拜訪章榮初。蔣介石得知後，送了一張親筆簽名照片給章榮初。

　　1947年初，解放軍節節勝利，蔣介石要搜捕國民黨左派領袖李濟深，李的幕僚李乙尊（京劇程派藝術傳人李世濟的父親）要求章榮初幫助，李濟深在紹興路54號躲避月餘，期間李患盲腸炎，章榮初請上海最著名的外科醫生任庭桂在家為他動了手術，將他秘密送往香港。

　　被日寇霸佔的上海紡織印染廠收回後，改為榮豐二廠，與大西路榮豐一廠合併為榮豐紡織廠股份有限公司上市，註冊資本法幣一百億元。

　　抗戰勝利後的幾年，經濟迅速恢復，紡織業連番增長，據「蘇浙皖京滬機器紡織工業同業公會」1945至1949年初的統計，榮豐紗廠資產在上海紡織企業排名第五位（《近代上海棉

榮豐紗廠股票（1947）
董事長杜月笙，常務董事徐采丞、徐寄廎、章榮初、韓志明

紡織業的最後輝煌（1945-1949）》王菊著，上海社會科學出版社）。1948 年上海有大中企業一百零一家，其中紡織企業三十四家，上市公司二十一家，榮豐是上市企業之一。（《上海工商經濟史料》）中國民族資本的力量，積聚了近百年，終於在四十年代後期造就了曇花一現的黃金時代。

— · —

章清儒、章榮初
為青樹小學題辭（1933 年）

辦青樹致力教育　報桑梓建設家鄉

前面說過，中國民族企業家的根在農村，章榮初 1918 年到上海，1928 年開辦企業，實業剛起步，已「迫不及待」報恩鄉里，回饋桑梓。1933 年在家鄉菱湖購地二十畝獨資創辦了青樹小學，他在《改進菱湖鄉村的設施和願望》一文談到自己的心願：

我國是農業國家，社會和民族經濟的基礎，是完全建立在農村之上，因此農村經濟的衰落，是我們目前最嚴重的社會問題，近來全國上下，都憬悟到復興農村的重要。……我們為大多數勞苦群眾去謀生活的安定，子女的撫育，是我們應盡的責任。因此，我是抱著改進農村的願望，從故鄉菱湖做起，以我的全力和全部私產，作為改進鄉村的一切設施和經濟後盾。……對於金錢，我是抱定取之社會，用之社會的主張。

　　青樹小學七百多學生完全免費，貧困學生更給予獎學金，為不忘國恥，校內道路命名為「九一八路」、「一二八路」、「五卅路」等。林森題校訓「誠毅」，陳立夫題辭「宏開廣廈」，王世杰題辭「桃李成蔭」，潘公展題「青天白日，樹之風聲」，陳布雷題「樹人百年」。

　　但這樣蓬勃的教育事業，1937年11月日寇佔領湖州後，被日軍放火燒燬。

　　抗戰勝利，章榮初第一件事就是恢復辦學，購置四十三畝土地重建青樹學校，規模比1933年的青樹小學更大，同為菱湖人的國民黨中央執行委員、上海市參議長潘公展任董事長。校舍由留德建築師吳紹璘設計。吳是蔣緯國在德國同窗好友，二戰後期回到重慶，成為杜月笙關門弟子，抗戰勝利後到上海，一直寄居在章家。章榮初抗戰後投資的工廠學校都由他設計，

校園內一座章清儒的青銅塑像，是中國雕塑大師張充仁的作品，毀於 1957 年「大煉鋼鐵」。

教育事業外，章榮初更大力投資故鄉經濟建設，1945 年他和潘公展聯名發起籌建「菱湖建設協會」。他說：「我務必為桑梓有所建樹，方無愧於先祖和後人。」

1946 年起，章榮初共投下二百五十多萬美元，先後興建化工廠、繅絲廠、發電廠、醫院，創辦現代化農場，改良蠶種，無償向農民發放桑秧、抽水機等。

章榮初對家鄉的關愛可以從一些默默無聞的貢獻看出，三十年代以來，他重修了菱湖百分九十的街道，三十多座橋梁，建立了菱湖第一支消防隊，設置了五十個垃圾桶，每月提供城鎮清潔費十萬元。

黃炎培得悉章榮初的事跡後，為他寫下楹聯「忍人所不能忍，為人所不願為」。

中國最早的傳染病防治醫院「真心時疫醫院」，1908 年由萬國紅十字會（中國紅十字會前身，盛宣懷為會長）設立在上海天津路 316 號，四十年代初，章榮初在附近的 258 號興建了他的企業總部豐業大樓，自此，時疫醫院的經費就由章榮初獨立承擔。抗戰時期中國紅十字會由蔣介石任會長，副會長杜月笙，1946 年紅十字會從重慶遷回上海，成立理事會，章榮初為六位理事之一。

由青樹學校衍生出來的青樹助學金，1945 年起由上海《新

聞報》社長嚴謔聲、教育家舒新城負責，為貧寒大學生發放助學金，到 1949 年前共有四百多名大學生由青樹助學金資助完成大學學業，他們組織了由章志鴻為主席的青樹同學會，出版進步刊物《雄風》。「解放」前夕，青樹同學會有七十多人被國民黨列入黑名單，湯恩伯下令逮捕章榮初，經杜月笙、潘公展出面周旋才得幸免。

交大共產黨員穆漢祥、三青團員史霄雯，在解放軍炮火映紅上海西郊天空的時候，被國民黨殺害，現在兩烈士紀念碑聳立在交大校園，1950 年章志鴻由美國回來，特去祭祀，他們都是青樹同學會的菁英。

現在，菱湖中學（原青樹學校）是浙江省一級重點中學，青樹的故事在廿一世紀有了新的發展。當年一位揚州來上海的學子辛德俊，憑青樹助學金的資助完成了交通大學學業，1949年後他在香港船運業功成名就，他時刻記得章榮初當年「希望每位青樹同學在走上社會後都能幫助另一位青年完成學業」的囑咐，改革開放後幫助了幾位家鄉中學生赴美留學，2001 年他出資委託美國加州金門大學教授趙耀渝女士辦了一個教育基金，致力幫助中國偏遠地區的教育事業，但這個基金沒有用辛先生自己的名字，他沿用了青樹的名稱，更延續了青樹的精神，這就是美國舊金山的「青樹教育基金」（Evergreen Education Foundation）。

2007 年美國青樹教育基金來到菱湖中學尋根的佳話，在教育界廣為流傳，青樹精神永存，沒有什麼比這更令章榮初在

天之靈寬慰的了。

— · —

心彷徨走避台港　歸上海迎接解放

1947 年初章榮初攜資金和一千紗錠紡織機器赴台灣，吳紹璘同行，準備在台灣設廠發展，誰料他們此行恰逢「二二八事件」，在船上滯留三日，只得返回香港，斷了到台灣發展的念想。

1948 年秋章榮初避走香港，是年李濟深在香港召集國民黨反蔣人士組建「中國國民黨革命委員會」（民革），李為主席，宋慶齡為名譽主席，響應中共號召，準備北上參加新政協。

1948 年 12 月 23 日李與章榮初一夕長談，訴以中共「發展生產，繁榮經濟，公私兼顧，勞資兩利」十六字方針，保護民族工商業的政策，次日李濟深與郭沫若等三十多位民主人士，以參加聖誕舞會為名，登上停泊在維多利亞港的蘇聯貨船，駛出公海直上大連。1949 年 2 月 10 日，章榮初攜資金回到上海，迎接「解放」。

吳紹璘決定離開上海，蔣緯國給他一艘登陸艇裝滿吳的私人財物，吳乘飛機到台北，蔣告知他，一船財物被共軍擊沉，吳明知被蔣私吞，啞口無言，只得到香港。出生在紹興路 54 號的他獨子吳光正，後成為船王包玉剛二婿，1997 年曾為香港第一屆特首候選人，現為香港九龍倉集團、會德豐集團等企業主席、全國政協常委。

一 · 一

統購銷公私合營　大浩劫文化革命

「解放」初第一個經濟政策是統購統銷，農產品和工業品都須由國家收購，再供應市場，市場經濟開始向計劃經濟轉化。章榮初在四十年代建立起來的「農產原料——工業生產——市場銷售」一條龍體系，無法再運作，十四個企業全部陷於停工狀態。

1950 年 5 月章榮初到北京向時任中央人民政府副主席的李濟深申訴，李當即親書一函呈毛主席，隨後毛主席給李濟深回信，領袖的草書揮灑在中央人民政府信箋上：

> 李任公：
>
> 　　你的朋友章榮初的事我知道了，已告訴總理和一波同志，予以照顧。
>
> 　　　　　　　　　　　　　　　　　　　毛澤東

李濟深字任潮，毛尊稱他「任公」，此信由章榮初珍藏，我見過，文革中被造反派抄走。

章志鴻在美國剛完成 MBA，準備讀博士或就業，章榮初在國內獨力支撐深感吃力，只得召他回來。1950 年 9 月章志鴻放棄在美讀博計劃，偕馬璧如及生於紐約的次子回國。

1951-1952 年「三反五反運動」，資本家全是該痛打的老虎，章榮初十四個企業全部停工，焦頭爛額、走投無路，畢生最大

的心血——建設家鄉——投資二百五十多萬美元建立的企業無法開工又不能解雇工人，不足三年就喪失殆盡。經歷過政治運動的人都能想像這是一種怎樣的境況，章榮初四次自殺獲救。1952 年紹興路 54 號和隔壁陳世昌宅一起賤價由政府接收，所得二十四億人民幣（當時之舊幣，相當於現二十四萬）全部用於填補企業的無底洞。

1952 年榮豐一廠被軍方接管成為軍服廠，後改為第七紡織機械廠，現為華敏世紀住宅小區和華敏國際商廈；1954 年榮豐二廠公私合營，1966 年改為上棉三十一廠，現為榮豐花園住宅小區。

1956 年政府對民族資本家實行「贖買政策」，章榮初全部資產被「核定」為四百萬人民幣，按「核定資產」每年支付百分之五定息七年，1957 年起每年定息二十萬元，1964 年政府宣佈再加三年，後因文革而中斷，直到文革後才補發。

不斷的運動、不停的折騰，是當年的基本生活方式。文革期間章榮初被勒令到上棉三十一廠勞動，以六十七歲高齡，來回路程要四小時，在廠裡勞動八小時，打掃廁所、在車間收集下腳花。中午在食堂只許吃青菜，不許吃葷菜，有次一個老工人偷偷塞給他兩個肉包子，輕輕說：「章大班，想開點，身體要緊！」

1967 年 8 月，由上棉三十一廠造反派頭目，王洪文「五虎」之一的黃金海，夥同上棉三十廠黃秀珍，在楊浦工人體育場召開上海第一次八千人大型批鬥會，主角是章榮初、章志鴻、榮

鴻仁、榮漱仁、劉念義和上海市委統戰部長王致中、副部長趙忍安等，散會時，王致中帶緊兩步，走到章榮初身邊輕聲說：「章老，多保重。」

章榮初終於大病一場，1968年之後不再去勞動，但無日無之的外調，反覆查問兩件事：青樹獎學金和章氏招待所。很多由青樹獎學金資助完成學業的大學生，後來都成為新中國重要的建設者或中高層幹部，按照階級鬥爭的邏輯，造反派有充足理由確信青樹獎學金和章氏招待所是國民黨特務機構。

文革前章榮初靠定息生活，文革中完全沒有了經濟來源，身體迅速衰退。1972年12月章榮初身患肝炎，當時富經驗的醫生不是去了五七幹校，就是戰戰兢兢，一名醫生為章榮初插導尿管，病房門口立即貼出大字報，批判這位醫生為資本家服務，在這樣的氣氛下，章榮初根本得不到應有的護理。12月13日凌晨，章榮初在新華醫院逝世，享年七十二。

要是沒有鄧小平同志帶領中國走出那個「越窮越鬥，越鬥越窮」的死胡同，要是沒有改革開放、改天換日，不要說我全家，就是整個中國，到今天也還在黑暗中掙扎。章榮初的時代過去了，但前輩的努力，前輩的願景，依然激勵我們去追尋、去完成。

祖父沒為我留下分文遺產，恰如他生前文章所寫：「講到子孫觀念，我敢說絕對沒有，金錢問題，決不留剩一分，使兒輩享受，總期取之於社會，悉數用之於社會。」他說過多次「與其積財於子孫，不如積德於子孫」的教導，深深銘刻在我心中，

成為我人生價值觀的基石。

我是家族的長子長孫，兩歲半父母遠赴美國留學，我一直由祖父母撫養長大。在我中學時，祖父就經常和我說往日的故事，1963 年上海政協文史部門要他寫回憶錄，我也是第一個讀者。

1964 年我離開上海支邊到新疆建設兵團，文革中被打成反革命，1968 年我從農場逃回上海，祖父頹顏白髮，孤獨苦悶，我每週去陪他兩個下午，各地來外調的工作組天天要他交代過去的「罪行」，我也每每聽他的苦思和追憶。

今年是我祖父章公榮初誕辰一百十周年，《檔案春秋》約我撰寫此文，給了我緬懷先人，紀念祖輩的機會。

今天，中國再次抓住了歷史機遇，美好的前景又一次在我們面前展開，此時此地，回首一個世紀走過的道路，回顧這個世紀的反復和折騰，有助我們看清歷史，認清前路，成就前輩未竟之業，實現民族中興的理想。我想，祖父及他那代中國現代企業先驅的「實業救國」理想，正由後人來完成。

本文原載
《檔案春秋》上海市檔案館 2011 年第三期
《檔案裡的金融》學林出版社 2012 年 6 月

【註】黃炎培（1878-1965）上海川沙縣人，著名教育家、社會活動家。杜月笙的名譽秘書，民主黨派「民盟」「民建」創建者。1949 年後任副總理，政協副主席，人大副委員長。

章榮初學徒生涯

一　呵，大上海

黃浦江上的晨曦慢慢散開，初升的朝陽照亮了外灘的高樓。上海，東方第一大都市，迎來了又一個喧囂嘈雜的早晨。

十六鋪碼頭上，一艘接一艘內河小火輪，噴着濃煙，在船上水手的吆喝聲，和岸上小販的叫賣聲中，笨拙地靠上了碼頭。跳板剛搭上，黑壓壓的人群，擁擠着下船。穿着黑色短打棉衣褲、頭戴氈帽的，是浙江一帶的農民，穿着棉袍、戴瓜皮帽的，多半是鄉下小鎮的平民，個個肩挑手提，四處張望，小心翼翼地踏上了十里洋場的上海灘。

那是 1918 年的冬日，從菱湖航船上下來的人群中，一個高個子青年跟在一個矮墩墩中年人後面，一米八五的身材在人群中高出一頭，雙眼透出惶惑和好奇，下意識地伸手摸了摸棉袍胸口袋裡的兩個銀元，沒丟，他寬心了，一手揣起行李布包，一手扶住肩上的鋪蓋，快步跟上中年人。

這個青年就是我們故事的主角章增驊，字榮初，剛滿十八歲，前面的中年是他的表姐夫叫邱聲初。

二十世紀初的中國南方鄉鎮，山河破碎、國難當頭，三千年一成不變的中國農村，阡陌間的農夫、小鎮上的百姓，日出而作，日入而息，在極度貧困的生死邊緣掙扎求生。

滿清王朝經過兩次鴉片戰爭，又陷於太平天國哀鴻遍野，

更添甲午戰敗雪上加霜，終於窮途末路。歷史沒有給大清帝國再一次機會，世界沒有給古老中華多一點時間。十九世紀最後一年，八國聯軍的鐵蹄，輕蔑地把紫禁皇城踐踏在腳下。二十世紀的第一年，顏面掃地的中央帝國與十一國列強簽訂了喪權辱國的《辛丑條約》。中國以一個衣衫襤褸的東亞病夫形像，被推入了新世紀，推入了西方強權把持的現代世界。

這一年的農曆十月廿七（1901 年 12 月 7 日），章榮初（增驊）出生在太湖南岸浙江省吳興縣小鎮菱湖的蕭山弄元康里蠟作坊。

章三省堂原是荻港望族，但到章榮初出生時，這一支已遷居菱湖，家境清寒。章榮初之父章清儒（1865-1935），三省堂第十三世，名乃興，字清儒。菱湖是土絲最主要的產地，章清儒開一家小土絲行，收入微薄，勉強糊口，三十歲娶菱湖沈氏女，生三子二女，章榮初排行第二。

章榮初幼年時，父親勉強供他在老聚和紙坊讀了五年私塾。讀到第三年（1912），亞洲第一個共和國——中華民國成立。又過了兩年沈氏亡過，章清儒續弦娶伊貴珠。章榮初輟學，跟父親在絲行打雜幫工。

中國已經沒有了皇上，康有為預言，必然出現人人爭當皇帝的亂局。宋教仁被暗殺，張勳復辟，軍閥混戰，1916 年袁世凱稱帝失敗。1919 年北京發生「五四」學潮。這些國家大事對尋常百姓來說，比聽三國水滸還遙遠。

少年章榮初開始在絲行幫工這年，歐洲爆發第一次世界大

戰（1914-1918）。1917年11月7日列寧和托洛茨基發動十月革命，建立共產政權。這些世界變幻對鄉鎮草民來講，比聽山海經還離奇。

章榮初十四至十八歲，就在土絲行度過，學習打算盤，寫券標，學習為多賺五分銀子，在繭子裡噴水的作弊手法。

章榮初的表姐夫邱聲初，在上海一家典當做事，每年冬天都回鄉來，每次總到章榮初家住幾日，吃好晚飯，章榮初最喜歡聽他繪聲繪色地講上海的新鮮事：到處都是高大的洋樓，柏油馬路又平又闊，汽車、電車飛一般駛過，有錢人住洋房坐汽車。章榮初聽了羨慕得不得了，心想在菱湖這個小地方是不會有出息的，要發洋財一定要奔上海。

章清儒

章清儒對這個從小精靈的兒子很看好，說你有機會該去上海見見世面，學學生意。終於和經常跑上海碼頭做棉布生意的妹夫俞俊臣商量好，俞給菱湖同鄉上海利泰祥棉布號老闆吳沂青寫了封薦書，由邱聲初帶章榮初去上海。

1918年12月中旬，章榮初十八歲生日過後不幾日，口袋中帶了這封薦書和父親給他的兩個大洋，跟邱聲初上路了。船開動時，章榮初心中暗暗對自己說，我去上海了，我一定要好好做出點事業來，我一定會發財。他摸摸口袋中的兩塊大洋，章

榮初覺得很快這兩塊大洋，會變成兩百塊，兩千塊。

　　第一次出門，章榮初一夜未合眼。天矇矇亮時剛要睡去，聽見船頭人叫，「上海到啦，上海到啦！看那麼高的房子！」章榮初一骨落跳起身，呵，大上海，大上海到了！

　　十六鋪是當時中國最大的碼頭，南北海運和長江航運的樞紐。1843 年 11 月上海開埠成為對外通商口岸，兩個月後英商怡和洋行、顛地洋行（寶順洋行）登陸上海。經濟突飛猛進，上海的外貿與商業完全控制在幾大洋行手中，寶順、太古、怡和、安利、瑞記等洋行的貨倉全在十六浦沿岸，辦公樓、倉庫林立。

　　邱聲初帶他走過繁華似錦的外灘，穿過車水馬龍的南京路，馬路寬闊平坦，大樓高聳入雲，只聽身邊叮叮噹噹的電車，飛快駛過的汽車，昨天還在慢條斯理、窮鄉僻壤的鄉下小子，此刻目不暇接如墮迷陣。章榮初緊緊跟着邱聲初，暈頭轉向走了很多路，看得眼花繚亂。向姐夫問這問那，樣樣新鮮，樣樣好奇，興奮莫名。

　　到了利泰祥棉布號，見了經理嚴梅生，章榮初跪下向他磕了三個頭，拜他為師。

　　這天晚上睡在鋪上，章榮初想今天我已經到了上海，奔上海的目的達到了，我將來也要坐汽車，住洋房，要發大財，花花世界的上海我也要有一份。半夜醒來，坐起身向窗外望，喲，馬路上竟然還亮着路燈，亮得像白畫，感覺自己像騰雲進了仙宮一樣。

章榮初開始了他在上海學生意的生涯。

　　利泰祥棉布號是章榮初的起點，這是一家不大的洋貨批發號，老闆之外一共只有五個人：經理，會計，兩個跑街，加章榮初這個學徒。經理一個月偶爾來一、二次，跑街也是有名無實，經常只有章榮初和會計兩個人。老闆娘閆氏喜歡打麻將，幾乎天天上午和這兩個夥計檯子不拉開就打翹腳麻將（正常麻將應是四人，三人麻將稱為「翹腳麻將」）。

　　店鋪房子不大，上下各兩間，下面兩間一間是店面，一間是賬房，上面兩間是老闆家的住房。每天晚上老闆叫章榮初到樓上去記零用帳，他靠在床上吸鴉片煙。當學徒第一年是沒有工資的，吃住在店裡，章榮初收店後就在下面的賬房間打地鋪睡覺，早上天矇矇亮須第一個起來，把鋪蓋塞在櫃檯底下，在後門外生好爐子燒水，給老闆夫婦打洗臉水送到樓上。

　　老闆吳沂青鴉片煙癮很重，一天大部份時間依在床上吞雲吐霧，他本人經營絲繭，利泰祥做洋貨批發，生意極其清淡。章榮初在做學徒的一年中，這家批發號總共做了八千五百元生意，合銀子六千多兩。

　　1919 年 5 月間，老闆和幾個人集資了二萬元，交給錢莊作保證，借了六萬元，到無錫去收繭。

　　吳沂青對章榮初說：「你跟我去管財務。」

　　章榮初慌忙說：「我沒學過會計啊，我不會做。」

　　吳沂青笑笑說：「沒學過有我教啊。這次收繭是不容易的

事情，幸虧劉先生幫我很大的忙籌款，還幫我向錢莊借款，所以呢，完事後我要給劉先生送一筆禮，還要對錢莊跑街朱先生送一筆禮，這兩筆禮數目不小，怎麼辦？羊毛出在羊身上，只有在收繭的價格方面轉轉念頭，做做手腳，你懂嗎？你想想有什麼辦法？」

章榮初聽得一頭霧水，喃喃地說：「我不懂，你說怎麼做我就怎麼做好了。」

吳沂青打開賬簿，教章榮初怎麼做假賬：「每天晚上結帳時，在總數方面加它百分之三到四，銀子就來了。」

章榮初說：「總數加了以後與水票對不起來怎麼辦？」

吳沂青摸摸學徒的頭說：「小鬼你真老實，做生意這麼老實只好吃西北風了。你來上海半年了吧，要學學上海門檻，記住，你在收進來的水票裡加幾張進去，加進去的數要與總加的數目相同。這事就由你來做，我假裝不曉得。懂嗎？」

章榮初跟老闆到無錫鄉下去了十日，白天他負責向養蠶農戶憑送繭收條付款，每天大約付出繭價一萬六千多元，晚上把水票拿回來，做五百元假水票加進去。天天忙得不可開交，每天只能睡兩三小時，老闆看他呵欠連天，實在撐不住了，就叫他睡到床上去，吃一兩筒鴉片提提神。

收繭結束，一共作了三千多元弊，回到上海，過了很久也沒見老闆對什麼人送禮，而老闆房裡多了一套嶄新的紅木傢具，呵，這就是上海門檻。

店鋪樓上的兩間，一間是老闆夫婦，另一間住的是老闆的父親吳湘泉，六十多歲。每天清早章榮初給老闆送洗臉水，吳老先生已經在門外打好太極拳，在賬房鋪開筆墨紙硯。他先寫上幾句話，坐在一旁，教章榮初習字，每天要寫八張大楷三張小楷。章榮初到晚年都記得吳老先生寫下的格言，「少壯不努力，老大徒傷悲」、「書到用時方恨少，事非經過不知難」、「心田存一點子孫昌盛，世事讓三分天地寬闊」、「與其留錢於子孫，不如積德於子孫」。

章榮初寫好，吳湘泉再教他珠算心算，小學徒十分用心，吳湘泉看了點點頭，出門去。他在吳澄瀛家做帳房。

吳澄瀛是二十世紀初上海湖商的首領，安利洋行買辦，外國洋行都在香港創辦，再北進上海，初期買辦都是廣東人，如寶川洋行買辦容閎，是中國第一個留美學生。太古洋行買辦鄭觀應，他的著作《盛世危言》影響了康有為、梁啟超、孫中山整整一代人。到十九世紀後期，上海洋行買辦已是浙江人的天下，如虞洽卿、貝潤生、葉澄衷、周廷弼等，此時的洋行絲業買辦則全部是湖州人，吳澄瀛後來做過上海總商會會長。

章榮初在利泰祥雖然只做了一年，但是他對初涉上海的領路人感恩至深。他晚年經常談起這一年的生活，章榮初毛筆字、心算相當犀利，全得益於學徒時期。直到他自己事業有成，吳沂青晚年一直得到他資助。對師傅嚴梅生，章榮初更敬重有加，1933 年特地在湖州彩鳳坊開了一家志大布店，供嚴梅生養老，1946 年嚴老先生去世，他把布店盤進，贍養嚴老妻小。真可謂，

滴水之恩，湧泉相報。

　　章榮初知恩圖報、義重情天，既是中國傳統教育和章清儒家訓嚴格的結果，也是他踏上人生道路第一步時，已經端正的方向，這種重情義知感恩的人品，跟隨了他一生，成為他事業與人格最鮮明的印記。

— · —

<h2 style="text-align:center">二　一塊錢來之不易</h2>

　　1919 年底章榮初告假回菱湖，農曆年前，由章清儒作主，娶了南潯女子邱芝寶為妻。婚後章榮初要返回上海，但他覺得在利泰祥前途不大，請姑父俞俊臣另外再介紹一家店。俞俊臣帶章榮初去見也從上海回鄉探親的朋友賴叔貽，賴一口答應。

　　在家過了年之後不幾天，章榮初和賴叔貽回到上海，賴在上海會康洋貨號做跑街，先帶章到會康，叫章榮初等一等，他去別的號家聯繫一下就帶章過去。

　　章榮初坐在會康洋貨號的廳堂裡，廳堂很大，中間一個生鐵西洋火爐燒得很暖，章榮初東張西望，看到這家店帳房裡進進出出人很多，兩旁廂房裡擺起的存貨也很充足，這家洋貨號比利泰祥大得多了，章榮初大開眼界，這才叫生意興隆！

　　這時忽然聽見樓上有人走下來，章榮初趕快坐下，樓上下來五個人，前面兩個，中間一個，後面還有兩個，章榮初見他們下來就立起來，對中間第三個人恭恭敬敬叫了一聲李先生。章榮初記得賴叔貽說過，會康洋貨號老闆叫李沄生。

老闆把客人送出門以後回進來，章榮初馬上又站起身，恭敬叫一聲李先生。這位李先生五十來歲，蓄短鬚，一身藏青綢袍，胸前掛一條金表鍊，腰束紫紅色綢帶，停步對章榮初上下看了看，點點頭就上樓去了。

　　一會兒聽李先生在樓上喊「賴先生！」下面回答他：「賴先生出去了！」老闆又說賴先生回來馬上叫他到樓上來。過了會賴先生回來，馬上到樓上去。

　　見賴先生走下樓梯，章榮初拿起鋪蓋行李，準備跟他去新店，賴叔貽搖搖手說：「不去了，你就留在這裡。」

　　章榮初不解，賴叔貽說：「剛才李先生叫我上去，問我下面這個人是你帶來的嗎？我說是的，他到上海來學生意，已經薦給新豐洋貨號了。李先生說，你不要薦他出去了，這小伙子交關聰明，他一眼就看出我是老闆，就叫他在會康做學徒吧！」

　　賴先生問章榮初：「怎麼回事啊，你沒見過李先生，他又不是走在最後送客，你怎麼曉得第三個是李先生？」

　　章榮初說：「其他四個人都穿袍子馬褂，唯有第三個在袍子上束了一條腰帶，沒有穿馬褂，分明是一個主人嘛，所以我叫他李先生。」

　　賴叔貽笑笑說：「你的確很聰明，你的運氣來了，現在老闆叫你在會康做學徒，你要曉得，會康比新豐大好多。」

　　這個故事告訴我們，見工面試時的反應和機靈多麼重要，而這種「小聰明」來自觀察的細膩和思維的敏銳。

章榮初就留在了會康洋貨號，那是 1920 年 2 月，章榮初十九歲。

　　二十世紀二十年代，全球經濟迅猛復甦，中國經濟以年增長百分之十的速度一直維持到抗戰爆發，同時這個世界也充滿了危機和動盪。1920 年美國超越英國，成為世界老大。「共產國際」派維金斯基到中國，1920 年 8 月陳獨秀、李漢俊、陳望道、李達、邵力子等九人在上海法租界環龍路漁陽里二號陳獨秀家中，由維金斯基監督成立了共產國際中國支部（中共前身），1921 年 5 月孫中山在廣州就任中華民國非常大總統，東方雄獅開始甦醒。

　　對於有志氣、有魄力的年青人，二十年代充滿了機會，上海充滿了機會。章榮初正刻苦學習經銷，立志做一個優秀的跑街先生。

　　會康洋貨號對面是家綢緞局，老闆姓陳，店裡一個十二歲的小開叫阿沅，常和章榮初一起玩。一天他拿出一塊銀洋鈿（銀元），得意地給章榮初看，說是今年得的壓歲錢。章榮初看呆了，他在會康當學徒，每月只有月規錢小洋二角。

　　章榮初好生羨慕，說：「我明年滿師才能拿一元，賴先生月俸也不過六七元。小開，你拜一個年，就拿到一元錢，真厲害，你要好好存起來。」

　　小開很是得意：「一塊洋鈿不算啥，這店將來都是我的。」

　　章榮初的自尊心被刺激了，反唇相譏說：「小開，你不要

得意，我滿師之後，努力做事，也會發達，到時我的錢一定比你多，我要買一輛包車（私家黃包車），那時我高高坐在包車上，你這種小開將來肯定是敗家精，那時可能已做了叫花子，只能幫我推車，向我伸手要一個銅板呢！」

小開聽了，氣得了不得，一個多禮拜沒理章榮初。

這個小開後來成為上海一代名中醫，他就是陳存仁（原名陳承沅，1908-1990），師從章太炎，結交胡適等社會名流，1947 年當選第一屆國民大會代表。1949 年赴香港，其後他寫了《銀元時代生活史》、《抗戰時代生活史》、《中國藥學大典》等多部著作。陳存仁的《銀元時代生活史》，1973 年在香港《大人》雜誌連載，後集合一冊出版。

其中《銀元時代生活史》第一章〈一塊錢盡是血淚〉寫的就是他少年時代和章榮初的交往。他寫道：「我聽了他的話，氣得不得了，但是他這幾句話卻深深地印在我心坎上，知道一個人沒有本領，將來是會成為乞丐的。所以要賺一塊錢，也不知道要流幾多汗血，所謂汗血銅鈿即是說當時一塊錢的來之不易。這個姓章的學徒，名榮初，果然在三十年後開了兩家織布廠，又和劉鴻生合設章華呢絨廠，是國產呢絨第一家，成為上海有數的大實業家。」（《銀元時代生活史》廣西師範大學出版社 2007 年）

陳先生寫於七十年代的這本書是現在研究二十世紀初社會狀況的重要著作，上面這段記述沒有註明具體年份，無法和章榮初的回憶錄對照，細節上也和章的回憶有出入，章榮初後

來一直經營紗廠及蠶絲，劉鴻生的章華毛紡廠並非與章合作開設。章榮初在上海做學徒是 1919 年初至 1920 年底，章十八至二十歲，陳十一、二歲，我們不能苛求陳先生時隔半個多世紀的記憶，但他記述章榮初的自強形象和章回憶錄的自敘是一致的。

一 · 一

三　跑街生涯

章榮初在會康洋貨號跟賴叔貽跑銷售，旺季很忙，辦貨的客人到了上海，跑街就到客人旅館去兜售棉布洋貨，做湖州幫生意的批發號家，跑街有幾十人之多。章榮初替賴叔貽拎着樣品包，一家一家跑。

跑街與跑街之間勾心鬥角，爭奪交易，每人各有一套手段，章榮初看在眼裡，記在心裡，這就叫「學生意」。客人一批批辦好貨回去之後，就有較長時間空閒下來。淡季裡賴叔貽就帶章榮初出碼頭，到湖州和附近的小碼頭如長興、泗安、紅星橋、林宅橋、安吉、孝豐、廣德、梅溪等山鄉去上門兜售。

這年年底，賴叔貽辭職，被湖州一家大布店請去當經理，也當了辦貨客人，章榮初升為正式跑街。他的工作也仍是旺季到旅館交易，淡季帶樣品包到湖州山鄉去上門兜銷，不覺又一年了。

這年（1921 年）開春，章榮初連連咳嗽，到三四月間，竟然痰中有血絲，大家說這叫「金線吊紅馬」，是肺病中較重的，

其實就是肺結核。章榮初想回家休養兩個月，但他經手放出的帳款約有八九千兩銀子，沒有收回就去休養，他心感不安。於是告訴老闆李沄生，他先去外埠收帳，帳收回來後，讓他回家休息兩個月。

章榮初（1925）

老闆說你回去休息吧，帳等你病好了再去收吧，但章榮初還是帶了結帳單和收據到湖州四個山鄉收帳去了。李老闆見他還是先去收帳了，馬上寫信給章榮初父親章清儒，告訴他兒子得了肺病，叫老人去湖州勸阻章榮初先回菱湖家中休養。但這封信到菱湖時，章榮初已經去了山鄉。

湖州地處太湖南岸，一望平原，向西則是山嶺，梅溪、安吉、孝豐、德清四個山鄉都在天目山脈中。當時行走浙江河道的都是小火輪，從梅溪到湖州每天來往的航船有六隻，三來三去，主要是裝貨，順便也搭些客，夜間行船，白天裝貨。船上有高舖和平舖兩個等級，船票平舖每位兩角五分，平舖下面放裝豬獲的竹籠，高舖比平舖貴一倍要五角，高舖可以睡兩個人還很寬敞。章榮初五點鐘上了船，把被包打開，躺在高舖上休息。其它兩艘船先開了，這艘「協興信局」的航船，要到六點開。

這時，岸上來了一位老先生，人高馬大，一襲青布長衫，長鬚飄拂，聲如洪鐘，立在船頭，對船員大發脾氣：「你們原

答允把高鋪給我的，為什麼讓給了別人了？」船員說：「我們以為老先生你明天來，不知道你今天就來了。」

章榮初趕快起身，出去對老先生連連打躬說：「老伯伯你不要動氣，倘使不嫌我齷齪，這高鋪很寬敞，兩人一起睡也還很舒服的。」老人聽了，也消了氣，章榮初幫老人把鋪蓋拿進去放在高鋪上，老人和章榮初一起睡在鋪上。船緩緩開動，船員來收船錢，章榮初拿出三個人的票價共七角五分，把老先生的船票也付了。根據船家的規矩，這位老先生是老主顧，又有裝貨生意，所以老先生一個人睡高鋪，也只須付兩角五分。老先生客氣一番，和章榮初攀談起來，老人自報名孫友蘭，是梅溪森和醬油店老闆，比章榮初年長四十多歲，此時已六十開外。

老人見章榮初咳嗽吐痰，問道：「你年紀輕輕為什麼這麼咳嗽，這麼多痰？」章說：「不瞞你說，我在吐血。」老先生又問：「既然吐血為什麼還要跑碼頭？」章說：「我要把老闆放出的帳收回來以後，再回家休息一個時期。」老先生點點頭，說好的好的，做人要敬業。過了一歇老先生又問：「你吐血多少時間了？」章說：「還不到一個月。」老先生自言自語說：「第一期。」然後又問章家在哪裡，章榮初告訴他是菱湖，又問湖州有朋友嗎？章說：「湖州同裕布店經理俞俊臣是我姑父。」老先生說：「很好，我送你一樣藥可以醫治你的肺病。」

老先生說：「我是蘇州洞庭人，年青時在漢口做學徒時，見一本書上說，『一棵桂花樹死了以後，樹根放在泥裡爛一個甲子，就是爛六十年，會生出一隻菌來，其名為桂紅菌，第一

隻菌是治第一期肺病的。』」他看了想到洞庭山祠堂門前有一棵很大的桂花樹，已經死了不知多少年，樹根沒有掘出，他寫信到洞庭山家裡叫他們留心看看，有沒有紅色的菌生出來，有的話叫他們摘下來保存好。人們從來沒有看見過樹根上生紅菌這樣的事，直到兩年前發現了一隻像碗口大小的紅菌，就把它摘下來，從洞庭山寄到梅溪。老先生據書上說，這麼大可以吃八個病人，因為是第一隻，只能吃第一期肺病。老人說他的女婿，去年底得了肺病，給他吃了八分之一，現在完全好了。吃時把紅菌焙乾，磨成粉，放在一杯陳酒裡，一起吞下，馬上就好。老先生對章榮初說，我可以送你兩個人的份量，等明天回到梅溪，馬上就把桂紅菌寄到同裕布店，章榮初稱謝，但心裡是有疑惑的。

章榮初回到湖州，把收到的帳款匯到會康，又把船上遇見老先生的事情和父親及姑父一談，託姑父等梅溪桂紅菌寄到請他轉寄菱湖，就和父親回了菱湖。果然不到三天，桂紅菌寄來了，章榮初按老先生的講法吃了下去，吃了以後肺病真的完全好了，血不吐了，人也胖起來了。之後章榮初和老先生一直做朋友，直到 1947 年他八十九歲故世。

多麼完美的善有善報的故事，兢兢業業的跑街章榮初、知才惜才的老闆李沄生、閱歷深厚的老先生孫友蘭，三代人互相關愛的故事，告訴我們一個永雋的真理：要做一個好人。

星雲大師偈語：「人的善惡在本性中產生，情的真假從境界中引發。」「在有能力的時候，多做些事業；在有財力的時候，

多種些福田。」

　　章榮初的一生，事業再大，賺錢再多，最後都煙消雲散，唯有他做人的道理言行，與人為善的人品人格，永遠是一個美好的故事。

　　1921年底，章榮初在會康洋貨號已經是獨當一面的老資格跑街，年底前照例要把放出去的帳款全部收回來，所以這年陰曆十二月中旬，章榮初到湖州山鄉去收帳了。

　　這一次先到梅溪，梅溪有大小布店八家，收到了二千多元現鈔和幾張匯票。從梅溪到泗安八十華里旱道，要坐轎子，過去每次坐轎子都是布店代叫，梅溪到泗安兩名轎夫二元四角。這天章榮初在點心店吃點心，有個轎夫來兜生意，三名轎夫只要一元六角。章榮初覺得很便宜，就講定了明天早晨從梅溪動身。梅溪到泗安八十里路程中，每隔五華里有休息站，蘆蓆棚裡有個老婦人供應茶水，還有酥糖、大餅出賣，走旱路或坐轎子的行路人，到這裡總要停下來休息一會兒。

　　第二天章榮初坐轎子出發，到第一個休息站時停下來休息，到第二個第三個休息站，三個轎夫態度很不好，不肯停下來，快速走過，三個人嘰哩咕嚕講土話，章榮初聽不懂。突然他想起聽人講過，這條路在第六到第八休息站之間的地帶，是沒有人煙的山溝，是最危險的地帶。想到這裡章榮初心裡害怕起來，想想看，三名轎夫要花兩天時間，卻只賺一元六角錢，太便宜了，一定有蹊蹺。如果這三個人是強盜，在無人地帶動起手來，非但是謀財，恐怕性命都難保。章榮初越想越怕，在

這叫天不應，叫地不靈的地方，怎麼辦？怎麼辦？章榮初的腦子像風車一樣轉起來。

這時，到第四個休息站了，章榮初說自己小便急，硬要轎夫停下來。

在茶棚吃茶的時候，章榮初很溫和地問他們，你們都是梅溪人嗎？梅溪有家利豐布店，你們知道嗎？這家布店靠得住嗎？外面謠言很多，你們聽到什麼話嗎？領頭的轎夫問章榮初，你為什麼要問這事？章榮初嘆口氣說：「真倒霉啊，我為了這家利豐的帳，昨天沒有收到，他們答應我後天可以付給我，所以我今天到泗安，明天在泗安收帳，後天還要再回到梅溪去。昨天在梅溪收來其它店家的帳款幾千元，統統寄在同義豐布店了，這同義豐布店是靠得住的。但因為利豐的帳沒收到，我還要再回來，哎真是倒霉。」

章榮初這番話，等於告訴他們我這箱子裡沒錢，你們這筆謀財害命的生意留着後天做吧，我後天再送上門來。

他們聽章榮初講了之後，三人又嘰哩咕嚕講了一陣，客氣地問，你泗安有多少帳要收啊？章榮初說有人家付匯票，大多數店家是付現鈔的，一共有七千多元現鈔。

三個笨賊說：「那我們明天在泗安等你一天，後天送你回來好嗎？橫豎回頭路順便的，讓我們多賺一次轎鈿好嗎？」

章榮初說：「好啊好啊，這有什麼不可以呢，不過，回來的轎錢也仍舊是一元六角。」好不吝嗇，吝嗇人一定笨，章榮

初裝作一個超級笨蛋，一點沒發現他們的不軌圖謀。

三個強盜喜出望外：「好的，就這樣定了。不過你到了泗安，先把這次轎錢付給我們，讓我們可以去吃飯。」

「那個當然了。」章榮初說。

講好以後，三個轎夫渾身是勁，跑得飛快，客客氣氣把章榮初抬到泗安嘉新布店門口。

嘉新布店的經理沈士誠先生見章榮初下轎，走進店裡，慌忙放下水煙袋，站起來對章榮初說：「你這轎子是誰給你叫的？」章榮初說：「我自己叫的啊，三個轎夫只要一元六角。」沈經理把他拉到後面說：「啊呀呀你真是大膽啊，以後千萬不可自己叫轎子，這三個凶神惡煞中，有一個剛從監牢裡放出來。」

章榮初把路上的經過告訴他，沈經理連連說：「喔唷真是恭喜恭喜，今天你的性命能夠保全，實在是天保佑，莫大的幸運。後天準備怎麼樣？還坐這轎子？」

章榮初說：「當然不啦，這一趟我也嚇死了。還好我裝得像，被他們看穿的話，命一定不保。明天下午拜託你幫我叫條船，偷偷離開泗安。」

回到上海不過半個月，章榮初接到泗安嘉新布店沈經理來信，說這三個人前兩天就在危險地帶殺了一個人，搶去幾百元，當時就破了案，三個人都捉進去了。

章榮初面對三個強盜，臨危不懼、鎮定自若，這是智慧膽識的較量、更是心理素質的較量。章榮初在這條偏僻小徑上表現出來的卓絕能量，在今後的人生大道上，發揮得更加淋漓盡致。

　　章榮初經過三年的學徒跑街生涯，1922 年開始自立門戶，1924 年開設華豐祥棉布號，1928 年開設上海印染廠──這是中國第一家華資印染廠。

本文原載
《尋夢菱湖》上海文藝出版社 2020 年

上世紀三十年代樣本背後的故事

　　實業救國，提倡國貨，保護民族工業。這些口號別說 80 後青年，就是對 50 後中年人，也實在太遙遠了，很難想象當時是怎樣一種真實境遇，怎樣一種熱血激情。

　　去年我在上海收集到我祖父章榮初上世紀三十年代開設的上海印染廠和上海紡織印染廠一批產品樣本，這些歷史文本，將七八十年前民族工業的拼搏掙扎、中國人民的愛國呼號，真切地、貼近地呈現在我們面前。讓我們觸摸到上世紀三十年代國難當頭、民族存亡的脈搏。

　　上海印染廠 1932 年的產品樣本，封面上除了一般性廣告文字「花樣新穎，色彩鮮艷，堅牢，耐用，上海印染公司出品」之外，突出的是四個鮮紅大字「國貨之光」。下面三份之二版面，是一幅畫成桑葉的中國地圖，地圖上朝鮮和東北的位置，有一條蠶蟲正在啃食蠕進，一角寫着「蠶食中國，痛心」。封

底的「上海印染有限公司貢言」寫道：「愛國的大帽子並不硬派給你公頂，只望你精審着出品加以論評，這一點心血形成奮鬥來的結果，究竟有沒有盡力提倡的可能，然而中國興衰存亡的運命啊，都在你這一瞬間的同情。」

上海紡織印染廠 1934 年的樣本，封面畫了一幅母鳥餵雛圖，寫着：「中國幼稚的工業，要望大家來提倡，與這嗷嗷待哺之圖一樣的情景。」

歷史已經過去七十多年，但前人奮發抗爭的精神永遠不會消逝，讓我們來看看這些發黃的文本背後的故事。

章榮初 1918 年到上海當學徒，1924 年開設華豐祥棉布號，做棉布批發生意，1928 年買下上海楊樹浦華德路十七畝土地，開設了中國第一家華資印染廠——上海印染廠，此前英資綸昌印染廠獨家壟斷中國印染業。

當時的中國，國弱民窮，外資控制着中國的經濟命脈。中國民族資本猶如巨石下的幼草，大多被外資扼殺在萌芽狀態。眼看上海印染廠欣欣向榮，綸昌印染廠向章榮初提出兼併。

章榮初在回憶錄《我在舊社會的三十五年》（1963 年手稿，下面未指明出處的引文，皆摘自該回憶錄）中寫道：

> 1930 年 5 月，英商綸昌印染廠買辦馬家訓打電話給我，說他們英國大班要到我廠裡來參觀，這時上海一共只有兩家印染廠，一家是我的上海印染廠，另一家就是英商綸昌印染廠。來者不善，與六百萬

英鎊資本的綸昌相比，我的廠只是個英商巨掌下一棵小草。

過了幾天，馬家訓陪綸昌大班阿司登到我廠來參觀，我帶他們看了一遍，之後招待他們吃茶點，英國大班問我：「你廠有多少資本？」我說：「二十五萬。」他聽了輕蔑的冷笑一聲，接着這位大班說：「我們綸昌資本是六百萬英鎊，你這二十五萬，在我們綸昌角落裡掃掃，恐怕也不止這個數目。」當時我心裡很氣憤，氣憤他們看不起中國人，決心要爭口氣堅持下去。

他們參觀以後，大約一個禮拜光景，姓馬的買辦約我到他家去吃茶點，說有件事要談談，我問他：「那英國大班在不在？」他說：「只有我們兩個人，沒有其他人。」我就去了。他談話的主題是講我二十五萬資本是不夠的，這麼小的資本很危險。他提出由綸昌向我廠投資，仍由我擔任總經理，給我六百元一個月工資。我毫不考慮，很乾脆地拒絕了他。

老奸巨猾的英帝國主義，當然不甘心。不到一個月，綸昌印染廠就開始對我進行打擊。那時印花布價格每疋四兩五錢銀子左右，憑良心講，他們的產品的確比我們的好，所以我的賣價每疋比他們便

宜一、二錢。雖然我比他們便宜，每疋還可以賺五錢左右，一天生產一千疋，就有五百兩銀子利潤。不料綸昌為了打擊我，開始自動惡性跌價，從四兩五錢陸續下跌，不到兩個月就跌到二兩八錢，在這種情況下，我非但沒錢賺，即使和他們一樣價格，每疋也要虧本一兩銀子，每天虧本一千兩銀子。

英資兼併遭拒後，綸昌聯合當時上海最大的貿易公司日資三井商社，發起削價攻勢。1930 年 5 月 16 日章榮初在《申報》發表「勸告本埠疋頭業勿定外貨宣言」，呼籲：

定外國貨是害多利少的生意。推銷國產布疋是諸位同業的責任，國貨價廉物美，為什麼還要去買外國貨呢？我們疋頭界，凡是外國有的貨色，我們中國已有相當的代用品，而且國貨價廉物美，為什麼我們還要去買外國貨呢？

（一）做白貨疋頭的，有完全華資開設的申新紗廠、永安紗廠、厚生紗廠、恆豐紗廠等，所出的棉布，都能夠使我們滿意的。（二）做花色疋頭的，也很多很多，如各種綿織品，元直貢，嗶嘰，皺紋呢等，國內各華商布廠，都有很好的出品。（三）做染色布疋頭的，有達豐、洪章等，完全華資的染織工廠，而出品也非常精良，足以代替外國貨。至言印花類，則範圍較廣，如印花直貢、印花失丁（斜紋）、印花絨（若中柄、大柄、小柄）、印花花標、印花手

絲布等，則有上海印染廠出品，貨身堅牢，花樣鮮艷，可與外國貨並駕齊驅。我們疋頭界除了上面三種以外，其餘唯佔少數而已。我們中國既有了這樣很適當的代用品，諸公以後儘可勿買外國貨了。

我希望大家起來快快來補救，凡是我國的廠商，原料務必要用得好，工作要認真，開銷要節約，那末就可達到中國貨勝於外國貨的目的。我國廠商趁這個抵制外貨的機會，使國貨普及全國，使人人腦海中充滿國貨的印象，何必抱敲竹槓的自殺主義呢！總之，要救中國，端賴提倡國貨，以鄙人管見所及，需要解除兩個困難；其一是改良國貨出品，使得人人滿意，其二是價鈿要抱永康主義。

諸公啊，在這千鈞一髮的中國裡，大家需要覺悟了，我以十二分的誠意來忠告諸公幾句話。疋頭界一致來提倡國貨，請疋頭店家的進貨先生，將提倡國貨的心，常印在腦海裡。

章榮初的湖州同鄉、著名報人楊清馨，也在《新聞報》仗義執言，並將銀行家郁震東和沈仲毅【註】介紹給章榮初，進行增資擴充，上海印染廠苦撐數月，終於不敵英日資本的強大聯盟，在 1930 年 11 月 13 日倒閉。

1931 章榮初再度從為人做加工業務開始，把債務逐步清償，他在回憶錄中說：

1931 年賺了三十七萬兩銀子，1932 年正月，我一家家去拜訪債權人，還清一半債務，向他們道歉。我又寫了一封信給上海銀行經理陳光甫，講了一大套銀行應該支持工業的大道理，去信後第三天，陳光甫來電話叫我去談談，我談了創業的經過，

陳光甫

他非常支持我，他說：「人生在社會有一真正快樂之事，那就是樹一目標，創一事業，達到目的地，並且成功。此種快樂是從艱險困苦中得來的，因而更為持久，更有紀念價值。」他問我有什麼要求，我提出把印染廠廠基向上海銀行做五十萬抵押，陳光甫立即答應，關照李芸候照辦。

經過上海銀行這筆押款成功之後，我在外面名譽更好了，不久金城、大陸、中南等銀行都送往來透支摺子來，一下子銀錢業和我往來的就有三十多家，到年底還清了所有債務。

1932 年初，上海印染廠重新站了起來，又買進隔壁的五十畝農田，工廠擴充到紡織、織布、印染，成為全能紡織廠。

風雲突變，1931 年 9 月 18 日，日寇發動「九一八事變」，

侵佔東三省。1932 年 1 月 28 日「一二八事變」，日軍進犯上海，十九路軍奮起抗戰。

1932 年上海印染廠重開後的這份產品樣本，就是在這種國家蒙難，事業艱辛的關頭，對國難的痛心疾首，對國貨的大聲呼籲。提倡國貨，實業救國，這些呼籲絕不是為了個人賺錢的私利，民族工業與國家命運息息相關。它豈止是商業樣本，也是一份民族工業的宣言書；它豈止是產品推銷書，更是一份愛國主義的宣傳品。

上海印染廠重上軌道後，章榮初在印染之外，增加了紡織部份，1934 年 6 月更名為上海紡織印染廠，成為當時上海最大的棉紡企業之一。1934 年底，英、日兩家故伎重施，再次聯合打壓，上海紡織印染廠負債 600 萬，再度倒閉。

1937 年 2 月上海紡織印染廠的債務在杜月笙調停下得以解決，重新開工，但不到半年，7 月 7 日日本侵略者發動「盧溝橋事變」，華北告急。8 月 13 日上海「八一三事變」，中日兩國百萬軍隊淞滬會戰，中國全面抗戰開始。在「八一三」戰火中，上海紡織印染廠被日軍佔領，產業大半被毀。

在風雨飄搖的歲月，山河破碎的年代，章榮初的企業，十年之中三起三落，這就是中國民族工業崎嶇竭蹶、坎坷奮鬥的歷程。直到 1938 年他開設榮豐紗廠，終於站穩腳跟，成為上海十大紗廠之一。

今天設計時尚、印刷精美的產品樣本或廣告，我們見得太

多了，但有誰見過這樣和國家休戚與共的企業文化？這樣和民族血濃於水的產品介紹？我撫摸着這幾本紙張發黃的樣本，仿佛又回到了民族掙扎求生，工業頑強奮進的年代，仿佛又回到了敵寇戰火紛飛，全民團結抗爭的年代。

這幾份無聲無息的樣本，是活的教材，告訴我們，沒有強大的民族工業，國家興盛是一句空話，而沒有國家的強大，我們的民族工業只能是外國資本腳下的枯草。

【附記】這些舊物原為上海文物收藏家黃振炳先生所收集，他無償贈予，他說：「在我這只是一項收藏，對你則是物歸原主。」黃先生深情厚意，特此銘謝。

本文原載
《檔案春秋》上海市檔案館 2012 年第七期
《大眾收藏》2012 年第三期

【註】楊清磬（1895-1957），湖州人，著名畫家。二十年代末與王一亭、朱屺瞻、潘天壽等組織藝苑繪畫研究所，並和徐志摩、陳小蝶一起主持美術刊物《美週》。1956 年應聘為上海中國畫院畫師，1957 年逝世。

郁震東，寧波銀行家，時與於右任、杜月笙、錢新之等同為復旦大學校董，其父郁芑生與清末企業家張謇合作創辦南通大生紗廠。1949 年後郁先生一貧如洗，由章榮初照顧，六十年代逝世。

沈仲毅，寧波人，招商局上海分局局長，上海輪船業公會主席。抗戰時南京淪陷後，大量機構和物資向重慶轉移，就是由民生輪船公司經理盧作孚，和招商局副總經理沈仲毅主事完成。

1936 年上海商會選舉軼事

抗戰之前，上海華界、租界分治，國民政府的上海市政府管治權限於市區北部，主要商業區都在租界內，成立於 1911 年上海總商會，地位舉足輕重。

1927 年「四一二」事變，蔣介石上台，上海總商會發表《對時局的宣言》表態支持，但國民黨對商人自發組成的商會還是不放心，1928 年國民黨上海市黨部組成商民協會，取代上海總商會，雙方關係緊張。

法國學者安克強（Christian Henriot）在談到當時國民黨和上海商會爭執時指出：

> 在國民黨以黨治國政策下，市黨部極力擴張黨權，一切納入黨的意識形態，運用軍事的、政治的和思想的手段干預經濟活動，這是工商界和市黨部頻起紛爭的根本原因。

（《1927-1937 年上海的政權和現代化》上海古籍出版社 2004）

1930 年新的上海市商會成立，1934 年第三屆市商會由國民黨人俞佐廷為主席，1936 年又到換屆選舉的時候，對於第四屆執行委員會人選的爭鬥浮出水面。

上海現代史研究者，澳洲學者布賴恩‧馬丁記載：

　　1936 年，王曉籟和他的主要對手——上海國民黨部的主要成員王延松，為了爭奪控制上海商會，有一場複雜的政治衝突，在這場衝突中，杜月笙給王曉籟以重要的支持。杜月笙反對王延松，還有他自己的利益。

　　王延松在 1931 年的一次抵制日貨運動中敲詐了杜月笙的一個得意門生、恆社成員章榮初。章榮初一案，被利用做羞辱王延松的手段，使他在南京被短暫關押了起來，衝突的結局是王曉籟被選了商會會長，杜月笙則首次被選入五人常委會，現在，王曉籟和杜月笙控制商會，這使他們可以向上海資產階級發號施令了。

（《上海青幫》上海三聯書店 2004）

章榮初（1934）

　　筆者祖父章榮初 1963 年應上海政協文史資料部門之約所寫的回憶錄，保存了很多第一手資料。當時他在上海開設印染廠，1931 年就受到王延松、駱清華敲詐，那時章榮初還沒有拜杜月笙為師，白白被敲了六萬元，1933 年章榮初投入杜門，1934 年成為「恆社」九名常務理事之一，1936 年王延松、駱清華再來敲詐時，章榮初已經有了杜月笙這靠山，恰恰這時杜正在為怎樣使親近者王曉籟掌控商會而傷神。

俞佐庭　　　　　　　王延松　　　　　　　駱清華

章榮初的回憶錄《我在舊社會的三十五年》寫道：

> 　　上海市商會來了個職員叫鄭澄清，手裡拿一張會
> 長俞佐庭簽名的文件，說是派他到我廠調查染料有
> 無日本貨。當時正值抵制日貨，果然被他查出小部
> 份是日貨，他拿到我的證據，就敲詐說：「這件事
> 情要想得到解決，可以和王延松、駱清華去商量。」
> 我一聽是王、駱，就知道又是敲詐。此時，商會實
> 權在他們兩人手中，他們都是國民黨上海市黨部的
> 人。

俞佐庭（1888-1951），浙江鎮海人，曾任上海錢業公會委員，1934 年當選上海市商會主任委員，1947 年任上海四明銀行總經理，1951 年逝世於香港。

王延松（1900-1976），浙江上虞人，國民黨上海市黨部監察委員，上海綢業銀行董事長，1950 年去台灣，1976 年故於台北。

駱清華（1902-1955），國民黨上海市黨部幹事，綢緞業同業公會主任委員，1955 年逝於香港。

當時我發覺鄭澄清神色緊張，就把這個文件塞在口袋，想不到他竟對我跪下來說：「這件事情好商量，你把文件還給我吧。」我肯定了其中有花頭。

任矜蘋

我馬上到杜月笙家裡，萬墨林說杜在漁市場開會，我又趕到漁市場，把一切情況告訴他。杜月笙立即打電話給俞佐庭，俞一口否認，說這張文件是假的，後來俞佐庭向法院起訴鄭澄清，鄭吃了兩個月官司。杜月笙問過俞佐庭以後，向我說道：「好極了，踏破鐵鞋無覓處，這件事交給我。」

回到華格梟路杜家，杜月笙打電話叫來了任矜蘋，吩咐他寫文章攻擊王延松、駱清華，當天晚上，我們在東亞旅館開了房間寫文章，第二天一早讀給杜月笙聽，他改了幾個字，馬上送到報館，文章的題目是「章榮初受敲詐，敬告各界」。不料下一天沒在報上登出來，聽說是王延松做了手腳，把稿子壓了下來。

杜月笙的筆桿子任矜蘋是中國早期電影界一位重要人物，

1922年與張石川、鄭正秋、周劍雲、鄭鷓鴣四人創辦明星影片公司，被稱為「明星五虎上將」。曾拍過《女性的吶喊》、《十字街頭》、《馬路天使》等名片的明星公司，1937年毀於「八一三」戰火。任矜蘋、張石川、鄭正秋等都是杜月笙學生和恆社成員。

> 我知道王、駱兩人都是國民黨部的人，和他們作對，怕自己吃不消。下一天任矜蘋把我的顧慮告訴了杜月笙，杜又叫我去，我到了杜家，見杜月笙和上海市社會局長吳開先在客廳旁邊的密室裡談話，他們見我來到，都壯我膽，對我說：「你儘管放心，一切我們負責。」

杜公館的客廳有內外兩間，大客廳是一般見客的地方，後邊一個小間是杜月笙和人商討要事的密室，萬墨林站在門外伺候，章榮初進去見到裡面還有吳開先。

杜月笙對章榮初說：「你怕王延松是市黨部的得罪不起，所以我特別叫了吳先生來，有吳先生擔保，你放心好了。」吳開先說：「這事你儘管放心，一切由我負責。」

吳開先

吳開先（1899-1990）上海松江縣人，北伐時參加共青團，

1925 年加入中共，1926 年和陳雲等在上海成立中共地下組織，參加上海工人三次武裝起義。「四一二」事變後轉為國民黨員，成為 CC 系主要骨幹，歷任國民黨上海市黨部常務委員、社會局長，抗戰時任國民黨中央執行委員、組織部副部長，1950 年杜月笙在香港逝世，吳是杜的六位遺囑執行人（錢新之、吳開先、徐采丞、陸京士、金廷蓀、顧嘉棠）之一。

> 我這才知道，那時候俞佐庭的商會會長就要下台了，王延松和王曉籟兩人都在爭取接替做會長，王延松有陳果夫撐腰，王曉籟背後是杜月笙，兩派勢力勾心鬥角，你爭我奪，我這件事來得正是時候，成了杜月笙、王曉籟攻擊王延松的利器。

潘公展

> 第二天報紙並沒把文章登出來，潘公展卻來看我了，他是我的同鄉老朋友，他問我能否收回這份稿子，我告訴潘公展，此事我作不了主，要和杜月笙商量，潘走後一個鐘頭，杜月笙來電話叫我去。

潘公展是國民黨上海市黨部常務委員、社會局長。潘公展和章榮初，不僅是湖州菱湖鎮同鄉，又是章榮初辦的菱湖青樹學校校董（抗戰後為董事長）。潘公展也是杜月笙在國民黨內的密友，1919 年五四運動時，潘公展是《全國學聯報》主編。

1922 年畢業於上海聖約翰大學，1927 年由同鄉陳果夫引薦給蔣介石，任上海市教育局長，1942 年後任國民黨中央執行委員、中央宣傳部長、新聞檢查處長。抗戰勝利後，任《申報》社長兼董事長，上海市參議長等。1950 年定居美國，1975 年在紐約逝世。

> 我一到那裡，見潘公展在座，杜問我：「潘先生來說，叫你把那份稿子收回來，你有什麼意見？」我瞠目結舌。
>
> 杜又說：「以前王延松敲過你多少竹槓？」我說約六萬多元，杜轉身來對潘公展說：「這樣吧，你叫王延松拿出六萬元還給榮初。」我馬上說：「我不要，這變成我也敲竹槓了。」
>
> 這時潘公展說：「你在菱湖不是辦了個青樹學校嗎？叫王延松捐助學校六萬元吧。」我認為這樣也好，不料潘公展與王延松談過後，王延松不肯接受，潘公展也就退出了調解。
>
> 到了第三天，報館不能不賣杜月笙的帳，稿子壓不住了，終於登了出來。

此時俞佐庭向法院起訴鄭澄清，鄭吃了兩個月官司，敲詐案直指王延松。事情至此已成為一個政治事件，章榮初反倒成了局外人。

與此同時，戴笠親筆寫十頁報告《呈王延松敲詐章榮初案

詳情》（現存台灣國史館「總統府史料」），將此案上呈蔣介石：

> 市商會王延松、駱清華、鄭澄清、馬少荃輩威脅恫嚇，利用市黨部市商會抗日會等機關勢力，乘機索詐。……滬上人士均以為籍黨索詐之一大黑幕揭破。當此鈞座雷厲風行鏟除貪污之時，此案必徹底追究，嚴行法辦也，竊念王延松身為市黨部委員，竟至因貪污而向杜月笙寫悔過書，除江一平外，尚有潘公展吳開先為之向杜月笙作保，可恥孰甚，如此黨部委員，黨亡無日矣，謹呈
>
> 校座
>
> 生笠

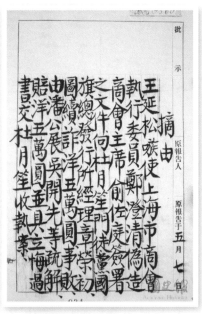

戴笠報告首尾兩頁，國史館典藏 001-103200-00001-005

戴笠是杜月笙最密切的合作者之一，此舉當然是杜月笙的好戲。敬酒不吃吃罰酒，王延松頂不住了。

因此王延松又托潘公展出來，表示願意接受六萬元的條件，要求不再登報。他們因為沒有現金，只交出了一個綢業銀行的存摺。我們談好以後，各大報就把這廣告停登了。但各種小報都自動義務補登起來了，陸陸續

前排右起王曉籟、虞洽卿、蔡元培
後排左二黃金榮

續登了十多天，這顯然是小報也向王延松伸手了。

後來聽說，在報紙登出來的這一天，蔣介石剛巧到上海來，看到這大幅廣告，覺得丟臉，大發脾氣。隔了不多天，聽說王被南京捉去了，後來又聽說被陳果夫保出來，住在陳果夫家中幾個月。在王被捉去後，小報也就偃旗息鼓，平靜下來。

經過這一場風波，王延松原想爭奪上海總商會會長的企圖，已經化為泡影，王曉籟平平穩穩當上了總商會會長。

上海市商會（歷史保護建築）

王曉籟（1887-1967），浙江省嵊縣人。1907 年參加光復會，創辦閘北商團，在上海政界商界地位顯赫，廣收門生，成為「海上聞人」。1927 年率閘北保衛團參加上海工人第三次武裝起義，任上海臨時市政委員會主席。抗戰中和杜月笙一起組織上海市各界抗日後援會，抗戰後任全國商會聯合會理事長、中國銀行常務董事、中國人壽保險公司總經理、國大代表等，是杜月笙最密切的合作者。

王延松被押去南京，由陳果夫保出來，住在陳家中幾個月才算躲過風頭。王延松早年是綢緞店跑街，二十九歲娶了陳果夫三叔陳藹士妻子的貼身丫鬟（乾女兒）為妻，陳家把他當過房兒子，所以得到陳家庇護。

王延松向杜月笙寫了悔過書，經過這次事件，領教了杜的厲害，王延松、駱清華向杜遞交了門生帖子，加入恆社，歸順了杜的勢力，那時章榮初正是恆社常務理事，成了「一家人」。章榮初後來和王、駱關係也不錯，章和裴雲卿、郭順等，受王延松邀為綢業銀行董事。綢業銀行是 1933 年王延松斥資六十萬元成立，自任董事長兼總經理。1948 年綢業銀行破產，1950年初王延松出走台灣，1976 年死於台北。

> 這場風波以後，王延松、駱清華向杜月笙投了帖，做了杜的門生，後來駱清華仰仗杜的勢力，在商界政界一帆風順，紅得很，1945 年做了通商銀行【註1】經理。

駱清華投靠杜月笙後極受器重，1947 年駱清華當選立法委員，兼全國工商聯秘書長。1948 年駱清華秘密加入中共，1949 年被派往香港，在中共華南局統戰部領導下，參與策動兩航和招商局起義【註2】，破壞了國民黨將香港的飛機輪船遣往台灣的計劃，1955 年逝於香港。

王曉籟 1948 年退避香港，經駱清華勸導，在 1950 年返回上海，受到毛澤東、周恩來接見，被指派為中國人民銀行總行代表。1954 年當選為上海市人大代表，1958 年起任上海市政協委員，1967 年病逝於滬。

1936 年王曉籟取得上海市商會控制權後不久，抗戰爆發，日軍佔領上海後，市商會被解散，汪偽上海特別市商會成立，袁履登任理事長。抗戰勝利後，1946 年上海市商會復會，徐寄廎任第五屆理事會理事長。徐寄廎是浙江興業銀行董事長，銀行公會理事長，也是章榮初榮豐紗廠的常務董事，筆者父母婚姻的介紹人。

1949 年 5 月 27 日上海「解放」，6 月 2 日中共上海市委和市人民政府邀集工商界代表人士座談，盛丕華、胡厥文、榮

毅仁、劉靖基、章榮初等九十多人參加，華東軍政委員會主席饒漱石、市長陳毅等出席並講話。會後上海市商會、工業會向毛澤東、朱德發出致敬電。

1949 年 8 月 26 日上海市工商聯成立，盛丕華任主任委員，盧緒章、胡厥文、榮毅仁任副主任委員。盛丕華、盧緒章是以資本家身份潛伏在上海的中共地下黨員。

9 月 1 日，上海市商會由市工商聯接管。中國經濟史上至關重要的上海市商會，1911 年成立，1949 年壽終正寢。正如美國學者費正清在《劍橋中國史》中所說：

> 在中國這部歷史長劇中，商人階層只是一個配角，也許曾有過幾句台詞，但最終聽命於帝王將相、宣傳家和黨魁的擺布。

本文原載
《檔案春秋》上海市檔案館 2012 年第 4 期
台灣《傳記文學》2023 年第二期

【註 1】中國通商銀行，中國第一家銀行，由清政府督辦全國鐵路大臣盛宣懷創立於 1897 年 5 月 27 日，總行設在上海（現中山東一路 6 號）。1932 年 6 月，通商銀行改組董事會，杜月笙任常務董事。1935 年上海發生白銀風潮，通商銀行出現擠兌，在孔祥熙支持下，杜月笙出任董事長總經理，平息風潮，從此該行被宋孔家庭控制。

【註 2】1948 年中國航空公司、中央航空運輸公司 95 架飛機從上海轉移到香港，1949 年 11 月 9 日兩航宣佈起義，12 架飛機從香港飛回大陸。1949 年 3 月，招商局向台灣和香港撤退，9 月 19 日「海遼」輪起義回到大連，改名「東方 1 號」，毛主席通電祝賀。1950 年 1 月 5 日英國承認中華人民共和國，留在香港的招商局 13 艘海輪，在中共地下組織推動下，1 月 15 日全部駕回上海。

「青天白日滿地紅」的第一次印製

「青天白日」和「青天白日滿地紅」兩面旗幟，前者是國民黨黨旗，後者是中華民國國旗。

光緒二十一年（1895 年）孫文在夏威夷成立興中會，會員陸皓東設計了「青天白日」旗為興中會會旗，藍色為底，中置一白日，光芒十二道，中山先生解釋，十二支光芒以示「光明正照」、「自由平等」之義。北伐時各軍以此為軍旗，設計混亂，到 1928 年底才確定規格，加上紅地為「青天白日滿地紅」，正式定名為「黨國旗」。

中山先生和中正先生的治國理念都是列寧主義，以意識形態建黨，以黨建軍，以軍建政，黨政軍一體。所以「滿地紅」以「青天白日」黨徽為主，名副其實「黨國旗」。

這面黨國旗的第一次印製是在 1935 年秋，由當時上海唯一紡織印染全能工廠——上海紡織印染廠承印。

老闆章榮初，剛被杜月笙指定為「恆社」九名常務理事之一，風頭正勁，除了自己的上印廠，還由杜月笙推薦任中華國產棉布市場總經理、中華國貨產銷聯合公司董事、農商銀行執行董事、大滬銀行董事、中日貿易協會常務理事、上海國貨公司董事、上海市民委員等一大串頭銜。

1935 年秋天某日，同為恆社常務理事的張子廉來看章榮初，《杜月笙傳》對章榮初、張子廉有如下記述：

杜月笙常說他的學生子中有三匹野馬，這三匹野馬的若干表現，有時候連師門杜月笙都為之自嘆弗如。三匹野馬跟杜月笙都很親近，……張子廉不在洪幫，卻替杜月笙擔任洪幫人物的聯絡者，僅此一點，可見張子廉嚓頭不是一眼眼。

　　本事最大，手面最闊，尤能超過乃師杜月笙，上海人講究的三頭：嚓頭、苗頭、派頭一概佔全的，首推杜月笙的愛徒，恆社中堅分子章榮初。

（章君毅《杜月笙傳》台灣傳記文學出版社 2002）

　　張子廉對章榮初說，國民黨中央決定，要推廣「青天白日滿地紅」黨國旗，家家戶戶都要掛，原定由英資公司綸昌印染廠印製，「我有個朋友叫池廷顯，他有親戚在國民黨中央黨部做事，現在池廷顯手裡有張中央黨部的獨家印製黨國旗特別許可證，如果我們來做，利益一定非常豐厚。」

　　章榮初一聽心動，馬上與池廷顯見面，池給章看了國民政府委派他出任「黨國旗製銷總局」局長的委任狀，還有張一號至十號大小黨國旗規格的表格和售價表。國民政府要求全國家家戶戶都要備一面黨國旗，家庭掛五號，商家掛六號。當時市面上只有少量出售，而且規格不統一，因此要找一家大廠承擔規模印製，統一由製銷總局出售。

　　章榮初馬上去買了一面六號規格的黨國旗，拿到廠裡與技術部門商量，當時上印廠正面臨困難，技術人員急於工廠擺脫困境，沒仔細研究，就對章榮初說：「完全可以在印花機上印，

六號的加工成本至多二角錢，加上布價不到五角。」售價是成本的四倍。章榮初大喜，這壟斷生意落到我手上，不但可走出困境，而且名利雙收。

章榮初和張子廉、池廷顯談得很順利，合同要求只有兩點：一，要整幅布兩面印；二，不褪色。池廷顯本人要求也不高：一，有個親戚在中央黨部工作，這張委任狀就是他親戚弄來的，每月給這親戚三百元。二，他帶兩個人來，一個副局長，一個秘書，每人每月一百五十元，另外池本人三百元，總共不過九百元。三，賺了錢他要分紅利百分之十。章榮初覺得這三個條件不苛刻，一口同意，另外，張子廉也在「黨國旗製銷總局」掛了名，每月也送他三百元，章榮初和池廷顯當場簽了獨家承包合同。

這是非同小可的黨國大事，1935 年 11 月 20 日，由國民黨中央黨部宣傳部、內政部核準，在上海天津路 195 弄集益里，成立黨國旗製銷總局。張子廉任主席，常務委員章榮初、池廷顯，委員有銀行家郁震東、招商局上海分局局長沈仲毅、英雄絨綾廠老闆鄧仲和等。

1936 年 1 月 5 日在上海紡織印染廠舉行開幕典禮，中央宣傳部代表潘公展，市黨部代表陸京士，上海市政府代表林炎南，內政部禮俗司長盧錫榮，中央主計處長陳其采，及杜月笙、沈田莘、沈仲毅等三百餘人出席。次日《申報》報道「黨國旗製銷總局元旦開幕記」：

本埠天津路集益里黨國旗製銷總局，系由中央黨部宣傳部、暨內政部所核准設立，成立於去年十一月二十日。本年元旦正式開幕，是日下午三時，在該局大禮堂舉行，由該局管理委員張子廉主席、中央宣傳部特派中委兼本市教育局長潘公展……市黨部派陸京士蒞局，代表致訓，參加來賓有主計處長陳其采……暨各界領袖杜月笙、沈田辛、趙錫琛等三百餘人，由該局常務委員章榮初、池廷顯，暨委員郁震東、鄧仲和、沈仲毅等，擔任招待，茲將各情分志於後。

主席張子廉致開幕詞云，蒙中央黨部、內政部、上海市政府、市黨部，派員致訓，暨各界名流參加指導，實深榮幸。黨國旗系民族國家之代表，為革命先烈拋頭顱灑碧血締造之國徽，系徵象三民主義與和平奮鬥之民族精神……黨國旗之推行與普遍宣傳、以發揚民族精神，致力民族復興運動，以副中央黨部及內政部暨各界同胞之期望云。

中央黨部宣傳部代表潘公展致訓詞云，代表國家之生命與一切目的之徵象是為國旗，我國以黨建國，總理以三民主義領導革命，自興中會同盟會以迄中國國民黨以來，中華民國之歷史，皆與黨有深切關係，現在憲政尚未實施，國家一切政制，在縱一方面，中國國民黨為最高領導，故青天白日之黨旗，

當與國旗同其尊敬。吾人尤應注意黨國旗之推行狀況，以測驗人民對黨國之信仰，苟全國同胞，咸具擁護黨國之心，則中華民族之復興，自屬不難云。

內政部代表禮俗司長盧錫榮致訓詞云，黨國旗為整個民族國家之徵象與精神表現……黨國旗製銷總局，系由上海紡織印染公司與中國製旗公司，在中央宣傳部與內政部指導監督之下，當能精益求精，以達於至善之境地云。

繼由市黨部代表陸京士致訓，語多勗勉，主計處長陳其采，及本埠各界領袖杜月笙等，均相繼致詞，禮畢，由該局在晉隆飯店，宴請中央宣傳部、內政部代表，及本埠各界，頗極一時之盛。

（1936 年 1 月 6 日《申報》「黨國旗製銷總局元旦開幕記」）

上海紡織印染廠雕了兩隻六號尺寸和一隻五號尺寸印花滾筒，全力投入印製，但是問題來了。上印廠以前的產品都是花布，只需要單面印製，即便雙面印花，也不要求正反面百份百對花正確，差一點無所謂。但是印黨國旗，這個青天白日十二隻牙齒要隻隻正反兩面對準，差一點都不行，印花機調試了十多天還沒試好。廠裡技術部門請了很多印花專家來研究，也都束手無策。經過反覆試驗，有幾次印出來雙面都準了，大家歡呼雀躍，但起先幾匹是準的，兩個滾筒在轉動時稍微差幾毫，接下來又不準了。印花布印得不好，可以作次品賣，損失甚微。

黨國旗印差一厘一毫,就成廢品一文不值。這樣連續印了三四個月,成品不到百份之十,廢品達九十以上。騎虎難下,章榮初只有咬緊牙關挺下去。

這種困境外界無人知道,對外還是大張旗鼓。5月7日,上海市長吳鐵城、國民黨中央宣傳部、內政部、社會部、淞滬警備司令部要員,杜月笙、張嘯林、王曉籟及各界代表千餘人到上海紡織印染廠參觀黨國旗印製過程。

> 昨日上午九時起,黨國旗製銷總局在南京路集賢里設招待處,雇就團體客車數輛,各界來賓陸續前往華德路高郎橋上海紡織印染廠,廠前扎有歡迎彩樓,上懸鮮明燦爛之黨國旗,⋯⋯由該局委員章榮初、張子廉、池廷顯、郁震東,及上海紡織印染公司全體職員,在場招待,引導至各處參觀,應邀前往者紛至沓來,自朝至暮絡繹不絕。
>
> 前往參觀者計有市長吳鐵城、中央黨部宣傳部秘書張國仁、淞滬警備司令部汪鵬、市參議會王曉籟⋯⋯及杜月笙、張嘯林,暨各界代表等千餘人。
>
> 上午十時半,在上海紡織印染公司大禮堂舉行歡迎大會,備具茶點招待。吳市長新自致詞,各界代表亦有演說,並由中央黨部電影科攝製影片,開會時,該廠吹汽笛示敬。

行禮如儀後，首由主席張子廉致歡迎詞，略謂，黨國旗為代表黨國之標識，中央及地方長官素所注意……旗製已日趨統一，於民族意識之喚起，民族精神之發揚，裨益良多……此後更盼進而指導，以期振起民族精神云。

　　繼由該局委員兼上海紡織印染公司經理章榮初報告，略謂，鄙人本提倡國貨杜塞漏巵之旨，經年來之奮鬥，賴各方之協助，規模初具，……唯我國工業，備受外貨壓迫，經營困難，……承製黨國旗，實本中央及黨國領袖之意旨，以服務黨國，決非在牟利也。……務望諸先生本發揚國徽與提倡國貨之旨，不吝指導，供予提倡，使榮初得貫徹初衷，努力奮鬥，以維民族工業與職工生計，尤所懇切盼禱者。

　　繼由吳市長致詞，略謂，今日黨國旗製銷總局，在此歡迎各界參觀，並蒙懇勤招待，本人既感歡欣，又示謝忱。黨國旗乃宣示國家之真相，表識民族之標幟，所以中央對於黨國旗之製造，已予鄭重考慮，為求其整齊劃一。黨國旗既代表國家，表現民族之精神，則黨國旗劃一，既可表證國家在組織上之完整，表證民族之有紀律、有秩序，……我人對於黨國旗表示尊敬，就是對國家民族表示尊敬，此實為為我人所必應加以確切之認識者……故今後希望同

時要努力定予做到家家均應備有黨國旗，人人均應對於黨國旗表示尊敬，此乃既表示民族為重的集中，愛國精神之飽滿，各界人士共同加以努力，達到黨國旗之劃一與整齊，家家備之人人敬之之目的云。

繼由王曉籟演說……略謂，我國家民族，必能與此光明燦爛之黨國旗共榮共存云。繼由林康侯、李大超等演說，從略。吳市長等分別題詞，以留紀念。

來賓由該局所派職員以導，分往該廠各部參觀，每一黨國旗，由棉花起，其製造過程，須經過手續四十六次，足見凡事成功之匪易也。

（1936 年 5 月 8 日《申報》報道「黨國旗製銷總局昨招待各界，到吳市長等千餘人」）

對外虛情假意，死撐面子，許多部門還在推廣宣傳，旗杆以及插旗的鐵座等，都有人在做，不少人靠此發了財，就苦了章榮初焦頭爛額，叫苦連天。

【中央社訊】黨國旗劃一推行委員會，系由上海市黨部、市政府、警備司令部、市公安局、社會局、衛生局、市商會、市農會、市總工會、市教育會、航空協會、第一特區市民聯合會、第二特區市民聯合會、納稅華人會、黨國旗製銷總局等十七機關團體所組成。該會特於昨晚假座八仙橋青年會，招待

各界，到百餘人，由該會常委李大超主席，及章榮初先後致詞。

該委員會擬定黨國旗劃一推行宣傳綱要，及推行辦法，吳市長發表告市民書，印小冊子十萬份分發各界，分期舉行檢閱，由黨政機關聯合辦理之。

（1936年5月20日《申報》報道「黨國旗劃一推行委員會昨日招待各界」）

黨國旗的推銷不能在租界進行，主要在南市和閘北虹口等華界。張子廉和南市警察局講定，賣出一面六號旗給他們回扣四角，五號旗給回扣二角，由南市當局挨家挨戶強迫居民購買，居民怨聲載道，現在卻交不出貨了，最後南京國民政府不得不下令停辦。

【中央社10月28日南京電】中宣部、內政部，以上海黨國旗製銷總局辦理不善，經中央議決停辦，至於中央對劃一黨國旗一事，仍當推行云。

（1936年10月29日《申報》報道「黨國旗中央議決停辦」）

到第五個月，章榮初的流動資金全部蝕光，上海紡織印染廠倒閉，負債六百萬【註】。池廷顯和兩個副局長，不聲不響走了，「黨國旗製銷總局」黃粱夢一場，撐不下去了，關門大吉，「青天白日滿地紅」的第一次正式印製，一敗塗地。

黨國旗須知

黨國旗規格

本文原載
台灣《傳記文學》2023 年第四期

【註】1936 年底，在杜月笙調度下，交通銀行、金城銀行和杜月笙的中匯銀行，組成匯業銀團管理委員會，上海紡織印染廠復工。1937 年「八一三」後工廠被日軍佔領。1938 年 10 月章榮初開設榮豐紗廠，東山再起。

尋覓祖父的腳印

懷舊，是今日上海人精神生活一個重要方面，尋覓上代的痕跡，尋找失落的輝煌，尋回自己的靈魂。

筆者整理祖父遺稿時，天津路、寧波路、富康里，這些地名一再出現，引發我再次探訪舊地的欲望。這次回上海，特地去了祖父事業的中心地，河南路拓寬了，一眼望去盡是現代辦公大樓，玻璃幕牆，美觀氣派，但一拐進天津路寧波路，馬上就到了「民國時代」。

章榮初回憶錄提到的「後馬路」，八十歲以下的人懵然無知，一查，地處南京路以北的天津路、寧波路東段，當年集中了上海中小銀行和錢莊，多達九十多家，相對於「大馬路」（南京路），這兩條後街被稱為「後馬路」。

章榮初 1924 年在上海開設的第一家公司華豐祥棉布號在天津路富康里 8 號，1936 年上海紡織印染廠第二次倒閉，全家從大西路花園洋房搬回天津路富康里 11 號，1938 年章榮初開設榮豐紗廠，辦事處設在富康里 10 號，家住在隔壁 8 號，直到1941 年遷入愛麥虞限路 45 號（紹興路 54 號）。

天津路寧波路之間，互相穿通的富康里、五福弄、石潭弄，這一大片建於世紀初的石庫門里弄，經歷了近百年風雨，像一個風燭殘年的老人，佝僂蹣跚地擁擠在新上海的高樓陰影下。

我感覺昔日富康里應該是天津路 295 和 305 弄，我在幾條

弄堂裡循跡拍照，見一個老人坐在後門口，便上前探問：「老伯伯，儂多少高壽了？」

他用手比劃着，「八十六了。」

「噢，那儂一定曉得，這裡是以前的富康里嗎？」

他想一想說：「是咯，是咯，以前這面叫富康里，那面叫盆湯弄，現在沒人曉得了。」

「噢喲，儂是老上海伐？來尋老早的地方？」幾個在一旁水斗裡洗衣服的女人說。

「是咯，我家以前住在這裡的，我爺爺 1924 年在這裡開公司，以前這裡儕是錢莊和公司。」

一個中年赤膊男子叫起來：「儂看看，儂看看。1924 年！這房子起碼九十幾年了，阿拉還住在這裡，這日腳哪能過？」

富康里現貌（筆者攝於 2011 年）

「講動遷講了廿多年了，現在地價貴，這片地方動遷起碼要幾百億，啥人買得起？」

洗衣女人和赤膊男子一起憤憤不平。

「好，謝謝，謝謝，老伯伯保重。」我趕快離開。

1934 年，章榮初在寧波路 89 號開設亞洲銀行，自任董事長，但他不善金融，不久就關門了。1941 年 1 月和宋子文的國貨銀行合夥，在寧波路 272 號開設其昌錢莊，當時上海錢業公會也在這幢大樓裡。這些建築經歷了七八十年，居然大致保持原貌。

1943 年章榮初收購了湖州著名鄉紳沈聯芳的吳興麗生絲織廠，更名「湖豐綢廠」。

沈聯芳（1870-1947）長章榮初三十歲，1905 年在上海創業，1915 年獲選上海總商會副會長，其時章榮初才十五歲。他的公司在富康里 6 號，和章榮初寫字樓毗鄰，孫老先生與後起之秀從鄰居成為忘年之交。1944 年七十四歲的老先生和章榮初合作投資 5000 萬，在川沙東門外開設川沙工業社，1946 年他把股份轉

沈聯芳

讓給章榮初，增資為 3500 紗錠的川沙紗廠。

1944 年底，章榮初在富康里對面的天津路 258 號購地建造了他企業的總部豐業大樓。

豐業大樓現貌（筆者攝於 2011 年）

　　離豐業大樓十幾家門面的真心時疫醫院，是中國最早的傳染病檢疫和防治機構。光緒三十四年（1908 年）傳染病流行，上海萬國紅十字會在天津路 316 號設立該醫院。上海萬國紅十字會成立於 1904 年，首任會長盛宣懷，1911 年更名中國紅十字會，抗戰時期會長蔣介石，副會長杜月笙，1946 年紅十字會總會從重慶遷回上海重組，成立理事會，推舉徐采丞、金潤庠、章榮初、唐承宗、郭蘭馨為第一屆理事會常務理事。四十年代，真心時疫醫院所有開支由章榮初全資襄助，現在醫院建築已蕩然無存。

　　五十知天命，六十耳順，七十古稀隨心所欲，豐業大樓六十七歲了，依然屹立在天津路山西路西首，依然是天津路中段的制高點。

本文原載
《大眾收藏》2012 年第一期

毋忘「八一三」

不知今天的青年，是否知道「八一三」。

這是中國人的國殤，中國人的奮戰，更是上海人的犧牲，上海人的驕傲。

1931 年「九一八」事變，日寇侵佔東三省，1932 年「一二八」事變，日軍在上海挑起戰事，十九路軍以劣勢頑抗強敵。

1937 年「七七盧溝橋事變」後，蔣介石認為以中國實力，無法戰勝日本，必須把中國的抗戰國際化，爭取西方介入，以

閘北的戰火

虹口日本海軍陸戰隊司令部

利中國持久抗戰。他聽取軍事家蔣百里的建議，把日軍由北向南的戰略部署扭轉為由東向西，在國際都市上海正面衝突，引起國際社會注意，很可能侵犯西方利益，激發西方參戰。

淞滬抗戰是中國軍隊第一次主動出擊日軍，從 1937 年 8 月 13 日到 1945 年 8 月 15 日本投降，整整八年，史稱「八年抗戰」，從這一天開始。

8 月 13 日，國軍 87 師、88 師和 36 師向日軍發起進攻，打響了「淞滬會戰」。這是抗日戰爭第一場重要戰役，也是整個抗戰中規模最大、最慘烈的一場戰役，中國全面抗戰由此開始。雙方共投入約 100 萬軍隊，在江灣、虹口、閘北各處展開激戰。10 月 31 日，謝晉元率 88 師 524 團「八百壯士」堅守四行倉庫，掩護主力部隊西撤，和日軍激戰四晝夜，點亮了中華民族心中永久的燈塔。

上面這樣的歷史敘事，對生活在和平環境中的青年朋友，畢竟太遙遠了。我出生在日寇投降前夕，祖父多次給我回顧這段史跡，從他的敘述中，我看見了戰火的硝煙，聽見了大炮的轟鳴。

　　當年我祖父章榮初在楊樹浦華德路開設上海紡織印染廠，那是一座佔地七十畝，員工一千五百多人的大廠。

　　「八一三」戰事爆發時我祖父正在家鄉菱湖，次日他趕回上海，急忙要去工廠遣散工人，他在回憶錄《我在舊社會的三十五年》中有詳細的記述：

> 　　八一三爆發，閘北和虹口已經戰火紛飛，蘇州河北的市民都向租界逃難。
>
> 　　我馬上到天津路上海紡織印染廠辦事處，這時候，全體同事人心惶惶，非常混亂，廠裡電話不斷打來，說廠裡已經流彈橫飛，玻璃都打碎了。全體工人要求發遣散費，以便逃難，計算下來至少要三萬多元。我多次打電話給上海銀行經理，但電話線路時斷時續，無法取得聯繫。

　　8月14日，第88師攻擊虹口的日本海軍陸戰隊司令部（現東江灣路1號），上海任何地方都可以望見蘇州河北被大火燒得通紅的天空，和一股股升起的濃煙，密集的槍炮聲在南京路都能聽到。租界的英法軍隊在外灘和南京路壘起了沙包工事，戒備日軍過河。

廠裡消息傳來，形勢更加危急，工人迫不得已，把廠長團團圍住，要求趕快發遣散費。

　　在這樣十萬火急的時刻，銀行堅決不肯付款。我實在看不過去了，立刻趕到上海銀行與經理李芸候商量，告訴他廠裡的實情，實在無法再等了。經過再三請求，李芸候進去和陳光甫商量，最後陳光甫出來，說只能拿一萬元現鈔，再多是實在辦不到了。

　　我拿了這一萬元回到辦事處，希望辦事處派人送到廠裡，不料竟沒有一個人敢去。他們不敢去的原因，主要一怕危險，二怕數目不夠，無法應付。根據十三天的工資計算，每人至少要發二十至二十五元，一千五百多人要三萬多。

　　這時廠裡電話一個接一個催得緊，在此緊急關頭，我想再向銀行多要是不可能的，有一萬元總比沒有好，寫字間這許多人一個都不肯去，也難怪他們，這次去要進入戰火紛飛的虹口和楊樹浦，的確有生命危險。但大家不肯去，廠裡的一千多人怎麼辦？難道他們不想早點離開廠門，回到家裡帶他們妻兒老小逃難去嗎？

　　一瞬間我思想激動起來，說：「你們不去，那就我自己去吧！」

我轉身拎起裝滿現款的箱子，坐上汽車向楊樹浦駛去，過了外白渡橋，汽車在空無一人的街道上飛快行駛。

　　一路上四次遇到巡捕和軍隊阻止，不讓過去，他們說：「越下去越危險，馬路上已經看不見一個人了，隨時有流彈飛過來。」我對他們說，廠裡一千多人在等我送錢去，好快點逃難，我怎麼能不去呢？總算一關一關闖了過去。

當年閘北、楊浦一帶是工人居住區，全是低矮簡陋的木屋木棚，一顆炮彈就是一片火海、幾十條生命。馬路上一片狼藉，被打壞的車輛，燃毀的殘屋，炸碎的磚石，散佈一地。

　　到華德路時，一顆炮彈在前面爆炸，彈片飛過來，把我汽車的擋風玻璃打得粉碎，碎玻璃散了一車。四週炮聲隆隆，一聲連一聲，震耳欲聾，空氣中充滿燒焦的味道。司機不顧危險，一直向前開。

　　前面就是楊浦港，快到工廠了，馬路中間有很多沙包，汽車開不過去，這時一個警察過來，說絕對不可以再過去了，我對他說：「廠就在前面，廠裡一千多人在等着逃命，不給他們發點錢怎麼辦？我非去不可的！」

> 他聽了就把馬路上的沙包搬開了，讓我的汽車開過去，我拿出一個銀圓給這個警察。

過了高郎橋，毗鄰楊浦港的上海紡織印染廠，就是今天長陽路、河間路、眉州路之間的榮豐花園住宅區。

> 我到了廠門口，工人們就問我帶來多少鈔票，我急匆匆進辦公室，馬上問廠長，廠裡還有多少錢，廠長說還有三千多元。我就叫他們在空地上放了一隻八仙桌，我站在桌上，對工人們說：「在敵人砲火進攻之下，工廠不得不被迫解散。在這麼緊急關頭，銀行不肯拿出錢來，我去再三商量之下，總算拿到一萬元。有了鈔票沒人肯送到廠裡來，我冒了險把鈔票送來。你們看，在華德路上，流彈打碎了汽車玻璃，但大家要逃難，我也顧不得性命了。不過每人只能發十塊錢，憑工卡向指定窗口去領。你們如果不答應，也沒有辦法，讓你們出口氣，把我打殺吧，但不過鈔票還是每人只有十塊。」

> 工人們聽我這麼一講，又看我冒險而來，就接受了我的要求，每人領了十塊錢，一千五六百人立刻散去了，住在橋南的用卡車送他們過橋。然後我關照廠長馬上把工廠鎖起來，爐火熄滅，總電門也關了。

大約兩天後，整個工廠全部被日本侵略軍佔領，倉庫裡所有原料和成品被這些強盜一把火燒了。當時每想到上海紡織印染廠自 1928 年創辦以來的艱辛，半生心血付諸東流，真是義憤填膺，憂心如焚，內心的痛苦無法形容。

　　8 月 23 日，日寇派遣軍登陸吳淞口，空軍轟炸先施公司和火車南站，造成市民喪生近五百，傷過千，全市恐慌。至 9 月，日軍集結陸軍五個師團，坦克兩百輛、火炮三百多門、飛機兩百餘架。國軍堅持與日寇巷戰三個月，寶山的中國守軍全部犧牲。10 月 26 日，陳誠司令部所在地大場失守。11 月 11 日，南市守軍撤退，上海華界全部淪陷，租界成為「孤島」。

　　章榮初在 1938 年底，東山再起，在大西路（今延安西路）開設了榮豐紗廠（今華敏世紀商業中心和住宅小區）。

　　在榮豐紗廠剛開工的某日下午，廠裡來了一個警察，要找我，我從二樓辦公室走下去，那個警察對我敬個禮說：「大班，你還記得我嗎，八一三你到楊樹浦廠裡去，你給了我一塊洋鈿，我就放在制服左胸的口袋裡了。過了一日，東洋兵打進來，一個子彈把我打倒在地，我只覺得胸口劇痛，一摸那塊銀洋被打碎成三辦，那顆子彈正好打在洋鈿上。我找了一年多才找到大班你，我沒什麼好報答你，今天特地來給你磕三個頭，報答你救命之恩。」

> 他恭恭敬敬磕了三個頭，我把他扶起來，給了他五十塊錢，送他走了。

今天我們的節日，都是歡樂團聚的日子，我們不應該忘記家國破碎、民族苦難的歲月。

「八一三」抗戰，距今八十多年了，每個中國人，每個上海人，都應該記住這一天。

本文原載
《檔案春秋》上海市檔案館 2012 年第八期

掙扎與盼望：一個上海企業家的抗戰自述

　　抗戰勝利七十週年之際，我在此將我祖父章榮初回憶錄中抗戰時期的記敘整理編撰，為那個時代作一個見證。

章榮初（1939）

　　他創業的三四十年代，正是中國飽受列強尤其日本帝國主義侵略的艱難歲月，他在 1963 年留下的十五萬字回憶錄《我在舊社會的三十五年》中，有相當篇幅寫到抗戰時期的掙扎和期望。

— · —

一　國難當頭　同仇敵愾

　　「九一八」事變後，日軍蠶食了整個東三省，國民政府無力應戰，中國民眾反日情緒高漲。1932 年「一二八」事變，十九路軍血戰淞滬，上海沸騰了，各界積極支援前線，申報董事長史量才和「上海皇帝」杜月笙發起組織了上海市民地方維持會。史量才任會長，杜月笙和社會活動家黃炎培為副會長，組織戰地服務團、難民收容所、臨時醫藥所。

　　這年三月，章榮初由杜月笙名譽秘書黃炎培推薦，拜杜為師，加入杜月笙任理事長的恆社，1934 年成為恆社九名常務理事之一。

章榮初出錢出力，除了積極參與上海市民地方維持會的支前活動，更是湖州籍同鄉會「湖社」的中堅份子。「湖社」是1924由湖州籍人士戴季陶、陳果夫、潘公展、楊譜笙組織的同鄉會，抗戰爆發，湖社是上海最早投入救亡工作的社團。湖社出版的《湖州月刊》，宣傳抗日，「九一八」之前，就發表了《日本田中內閣侵略滿蒙的政策》、《日本侵略中國大事年表》、《告社員同鄉書》等，呼籲民眾覺醒抗日。章榮初和戴季陶、潘公展、陳果夫、陳立夫、錢新之、蔡聲白、湯濟滄等十人擔任《湖州月刊》編委。（方福祥「上海湖社的抗日救國活動」《上海師範大學學刊》）

　　章榮初把自己強烈的愛國情感，發揚在企業文化中。1932年上海印染廠的產品樣本，封面是一幅畫成桑葉的中國地圖，地圖上朝鮮和東北的位置，有一條蠶蟲正在啃食蠕進，一角寫着「蠶食中國，痛心」。

　　1937年「八一三」淞滬戰事爆發，章榮初冒砲火，隻身趕到位於戰區楊樹浦的上海紡織印染廠，給一千五百多工人發遣散費，讓工人儘早逃難。

　　隨後，章榮初帶領全家幾十口人，和幾家從上海來避難到菱湖的朋友，共百餘人，在浙北山區輾轉躲避戰火一個多月，一路上受盡土匪強盜和地方惡霸的敲詐勒索。11月11日，上海守軍最後撤出南市，華界全部淪陷，因當時日本尚未向歐美宣戰，不能進入租界，租界成為一片焦土戰區中的「孤島」。

章榮初在《我在舊社會的三十五年》記敘：

> 「八一三」之後，整個廠全部被日本侵略軍佔領，倉庫裡所有原料和成品被這些強盜一把火燒了，此後好幾年得不到消息。
>
> 當時每想到上海印染廠自 1928 年創辦以來，兩次被英帝國主義經濟侵略所打垮，這次又被日本帝國主義武力侵略所佔領，半生心血付諸東流，真是義憤填膺，憂心如焚，內心的痛苦無法形容。

— · —

二　孤島時期　如履薄冰

上海紡織印染廠已被日軍佔領，幸虧在「八一三」前夕，章榮初剛買下一萬五千紗錠的紡織機器，放在匯山碼頭倉庫，還來不及運輸，戰爭就爆發了。戰事稍息，章榮初就設法把這批機器運到租界，1938 年着手組建榮豐紗廠，這是他事業的顛峰，他和總經理韓志明約法三章，承諾絕不干涉經營管理和人事聘用，工廠在韓志明管理下發展得很好。

有一日廠長來告訴章榮初，廠裡有個秘密抗日組織，領頭人是一

章榮初和韓志明總經理
（1940 年 1 月）

個叫余紀一的工人，這兩天要帶幾個人離廠參加新四軍，廠長請章榮初把此事報告日本巡捕房，他說：「等日本人查到，我們就完了。」章榮初對廠長說：「如果我去報告日本人，那我就是漢奸，你張隻眼閉隻眼，隨他們去你不要管，有事我承當。」過了幾天，果然有幾個工人辭工走了。

余紀一（1911-2010）其實不是一個普通的工人。他 1931 年在上海參加中共，經常來往於上海和家鄉皖南，在上海期間，以榮豐紗廠工人為掩護，1939 年 6 月他奉命離開上海，去淮南根據地任新四軍第二師聯絡部長。「解放」後組建浙江省委統戰部，歷任浙江省統戰部長、政協副主席等職，公私合營時章榮初和余紀一還有過聯繫。文革後余紀一復職浙江省委統戰部長、政協副主席、人大副主任，2010 年以百歲高壽謝世。

余紀一

1939 年 5 月 6 日，汪精衛逃離重慶到上海。9 月 5 日汪精衛在愚園路「汪公館」召集汪偽國民黨六屆一中全會，成立國民黨偽中央。12 月 30 日汪精衛在香港發表「艷電」，與國民黨、國民政府決裂。12 月 31 日，汪精衛、周佛海等人在《日支新關係調整要綱》（日汪密約）簽字。

當時章榮初的家在離「汪公館」不遠的愚園路 1352 弄聯安坊，他的企業中央印染廠就在馬路對面的 1341 號。

1939 年我住在愚園路聯安坊，九、十月間某一天早晨，忽然有一個穿普通西裝的日本人到我家裡來找我。他說：「我是極司非爾路憲兵隊的，憲兵隊要你去一趟。」

我聽了嚇得臉都白了，心想這次大禍臨頭了。「極司非爾路 76 號」特工總部，是抗戰時期令上海人心驚肉跳的特務機構，家裡人都驚慌失措，他說：「你不要怕，問幾句話就讓你回來。」

由漢奸李士群、丁默邨設立的「極司非爾路 76 號」特工總部，是抗戰時期令上海人心驚肉跳的特務機構。

我只好跟他到極司非爾路憲兵隊，在一個房間內坐下，從早晨八點等到十點半，這個憲兵與另一個日本人進來了，這個日本人問我：「你叫章榮初嗎？中央印染廠是你開的嗎？」我說是的。兩個日本人嘰哩咕嚕講了幾句日本話，然後帶我去的日本人就陪我回家了。此後一連幾天，他幾乎天天來，見我客廳裡掛的我父親遺像還像模像樣鞠個躬，我實在不懂他玩什麼花槍，終於有天他對我說：「法租界有一個某某醫生你認識嗎？」我說不認識。他又說：「你是不是可以幫我們一個忙？你請他出診，到你家裡來看病，我有事情要問問他。」到這時候，我方始知道他是要利用我。

我裝得很鎮靜地問他：「為什麼要我請他到這裡來，你自己不可以到他家裡去嗎？」他說：「去是可以去的，你能夠請來，讓我少跑一趟了。」那時候日本人的勢力還不能進入租界，沒有辦法去租界抓人。他要利用我把醫生騙到我家裡來，才可以下手。我聽了他這樣講，心裡又急又怕。

　　我說：「讓我考慮一下，我今天有重要事情馬上要動身到杭州去，明天回來，你後天來商量一下再決定好嗎？」他說好的，就走了。

　　他走了以後，我想這醫生一定是抗日志士，日本人要我幹這賣國害人的勾當，我怎能被他利用呢？但是在敵人控制之下，又有什麼辦法呢？再一想日本人勢力既然還達不到租界內，那麼三十六計走為上，決定馬上搬走。於是我立即坐汽車到天津路榮豐紗廠辦事處，馬上派人去找房子，倘若一時找不到房子，就是住客棧也要搬出來，決不能再住在聯安坊了。

　　同時叫家裡人先作準備，不要張揚，下一天，就在環龍路亞爾培路（現南昌路陝西路）東面，找到一所沿馬路的三層樓大洋房。就在這一天用自己的汽車，再借了幾部汽車，先把所有家裡人統統搬出去，然後在夜裡用榮豐紗廠與中央廠的卡車，把整個家全部辦到環龍路，一天一夜全部搬空。

搬完後的下一天，這個憲兵又到聯安坊，看見人去樓空，馬上走到對面中央印染廠，問他們章先生哪裡去了？他們說不知道，這個憲兵非常惱火地說：「叫你們老闆馬上到憲兵隊來，不來我們要來捉了！」廠裡回答他說：「章先生到香港去了，可能要幾個月，也可能要一兩年才回來。」日本人只好走了，此後我再不敢到中央廠去。

章榮初為躲避日寇，1939 年 10 月搬離淪陷區愚園路，在搬家找房子時，法租界愛麥虞限路 74 號美僑俱樂部正在興建，1940 年底，由於戰事緊迫，完工後美領館將房子出售。章榮初以四百根大條（4000 兩黃金）買下了愛麥虞限路 74 號——即今日紹興路 54 號。同時以二百五十根大條（2500 兩黃金）買下隔壁一幢舊式洋房，供杜月笙的師傅陳世昌居住。

—・—

三　日寇橫行　如此「共榮」

當時章榮初的兩個主要企業，上海紡織印染廠處在閘北淪陷區，流動資產包括原料成品等 340 萬元，被日軍掠走。榮豐紗廠則在租界。

上海紡織印染廠在 1937 年八一三抗戰後，被日本軍佔領了四年之久，在這期間我始終沒有進廠去看過一次，音訊全無。

1941 年二、三月間，忽然接到日商裕豐紗廠來電話叫我馬上去一次。我去了，與該廠總經理菱田逸次談，他態度非常生硬，命令式地對我說：「你這家上海紡織印染廠，我們是受軍部委託在經營，現在決定把你廠作價三百萬買下來，我們雙方訂一張買賣協議書，你把廠裡的道契（當時地契叫道契）以及你公司董事會的全權委託書拿來交割。」

　　我聽了菱田逸次這麼講，心裡盤算，現在整個工廠都被日本軍部佔領，一切都是他們囊中之物，收回是沒有希望的，強制收買我也不敢不答允。但此後卻沒了下文，聽說是日軍軍部不批准，後來才知道，日本人對中國工商業有一個全盤吞併的計劃。

抗戰前上海紡織業中，由三井、三菱、住友三大集團控制的日資幾乎佔一半。其中最大的日資紗廠是「內外棉紡織株式會社」，裕豐紗廠僅次於內外棉，1914 年由三井洋行屬下的「大阪東洋紡織株式會社」在楊樹浦路 2866 號建立，1935 年獨立定名為「裕豐紡織株式會社」。該廠的「仙桃牌」棉紗和「龍頭細布」，是當年上海馳名的產品。和大部份日資企業一樣，裕豐也是日本侵華的死硬支持者，1943 年日本實行「獻鐵運動」，上海各家日資紗廠拆毀五十萬紗錠舊機器，捐給軍方鑄武器。裕豐將所有舊設備作為「戰備廢鐵」捐給軍部。

抗戰勝利後，中國全部日資紗廠由國民政府接收，成立中國紡織建設公司，成為蘇聯之外全世界最大國營公司。

「解放」後裕豐紗廠改為上海國棉十七廠，文革中出過一個「造反英雄」王洪文。近年，原址得到保護，改為「上海國際時尚中心」，多少保留了些許昔日風采。

> 到 1941 年七八月的某一天，我接到日本「興亞院」的通知，叫我去開會，說是為了解除「軍事管理」，發還兩廠。那時候我思想上很大波動，去還是不去，我去也怕，不去也怕，最後我想能夠發還工廠總是好的，況且在他們手掌中，不去也不行，還是去了。

「興亞院」是日本近衛內閣在 1938 年 9 月成立的，作為日本侵略者管治中國佔領區的總機關，替代軍部的統治，直屬日本內閣，推行所謂「東亞新秩序」。「興亞院」沒收淪陷區華人大企業，合併中小企業，將資源集中供應侵華日軍。「興亞院」的調查機構，為軍部提供情報。1942 年 11 月日本把中國淪陷區組成所謂「大東亞省」，與「興亞院」合併。

章榮初到了華懋飯店會場，見上海中型以上的紗廠負責人都來了。

> 我到了那裡，看見人很多，都是被佔領的工廠的老闆，共有一百七十幾家。會場裡有一個簡單的講臺，下面有很多桌子，每隻桌子預先貼好某某廠的名字，還放著筆墨印泥等等。
>
> 每個工廠去一人，我就在貼有「上海紡織印染廠」條子的桌前坐下。開會的時候一個日本人在上面嘰哩

咕嚕講了一大套，原來所謂解除軍管，發還工廠，並不是真的把工廠發還給原業主，而是由興亞院指定與一家日本廠「合作」，他講完，會場裡的工作人員向每隻桌子分發一份文件，就是所謂「合作協議書」，全部是印好的日文，看不懂內容，後來知道是我以工廠的固定資產作為投資，他們負責流動資金，名義上各佔股份一半，但經濟權、營業權都歸日本廠家掌握。

我上海紡織印染廠的合作對象是裕豐紗廠，經理就是菱田逸次，我方面不能派一人，任何事都不能過問，這所謂「合作」，完全是一句空話。

我見旁邊的永安紗廠總經理郭順帶了翻譯，簽了字蓋了章，我也就用毛筆簽了字。

我問菱田是否可以去廠裡看一看，他說：「可以，不過你要先打電話到裕豐聯繫。」後來我幾次要去，他們都說「過幾天，過幾天。」拖到半年之後，方始同意我去，由一個穿西服的日本人陪同走了一圈，不管我問什麼，他都回答「不知道」，我看到廠裡原物料很少很少，以前很多機器設備，也少了大半。看完之後，連坐也不叫我坐，就帶我到大門口送我走，我很心酸，我自己的廠，現在我變成了外人。

在名為「合作」，實際連過問都不准問，廠裡也沒有如協議書規定的把每年報告書送來，因此我完全被隔離了。

上海紡織印染廠自 1928 年建立，到 1937 年淪陷敵手，資產一半毀於戰火。1937 年「八一三」到 1941 年底太平洋戰爭爆發這四年「孤島」時期，是抗戰最艱苦的歲月，日本為了戰爭的需要，把上海淪陷區的經濟緊緊地綁在了日軍的戰車上。

　　1941 年 1 月 6 日，汪偽政權在日本一億日元支持下成立偽「中央儲備銀行」，周佛海、錢大櫆為正、副總裁，並設日本顧問室。「中央儲備銀行」總行成立後兩周，上海分行在外灘 15 號原中央銀行原址開始營業，該行主要業務均在上海辦理，錢大櫆兼上海分行經理，副經理汪仲陶、邵樹華。

> 　　我的榮豐紗廠規模較大，兵荒馬亂時代，頭寸一直很緊，幣值天天貶值，能夠借到錢，就是賺錢。1941 年春天，我經金城銀行經理殷紀常介紹認識了中央儲備銀行副總裁錢大櫆，殷紀常說，錢大櫆的女人「三奶」人稱黑牡丹，是錢大櫆在大連當交通銀行經理時勾搭上的妓女，錢對她百依百從。
>
> 　　一天下午我帶了一百聽「茄力克」香煙，幾件很漂亮的女式衣料去錢家，這房子以前是金城銀行經理周作民的住宅，抗戰時被錢大櫆佔用。
>
> 　　錢大櫆和「三奶」一定要我留下吃夜飯，後來客人越來越多，開夜飯時有三桌客人，女的都打扮得妖形怪狀。吃了夜飯，錢叫我到另一個房間裡去吃鴉片煙，不一會兒，這位「三奶」也進來了，坐在錢大櫆煙榻旁邊，對我說：「章先生，你要做

一千萬押款嗎？」我說是的，請三奶幫忙，錢插嘴說：「一千萬數目太大，一二百萬也許可以商量。」錢大槐講好之後就到外面一間去了。三奶就靠在煙榻上，對我說：「章先生，你叫我幫忙，你怎樣謝我？」

　　我說，三奶你講吧。她說：「我怎麼可以講呢，多做點，少做點，要看你自己的。」這句話我懂，你送她好處多點，押款也可以多做點，送得少做得也少點。我考慮一下對她說，送你五厘吧。就是一千萬押款送她五十萬，她笑嘻嘻地說：「那我叫三爺替你做四百萬押款吧。」我實在啼笑皆非，這樣開門見山地要錢，我倒沒有見過，難道不怕難為情嗎？講好後，我走到外面一間，後來我臨走時錢大槐對我說：「三奶答允你做四百萬，那麼你明天來做吧。」

　　到下一天，我把押品文書準備好，到儲備銀行去辦押款手續，先到錢大槐那裡去拿了一張經他同意的字條，到樓下業務處辦手續。哪裡知道又有一道要錢的關口，有個副經理叫邵樹華，很客氣地對我說，為了辦手續，我們要把你的押品（棉花倉庫棧單）去檢查一下，還要估估價，今天是來不及的，至少要等一個禮拜。

　　我一聽之下，心裡恐慌起來了，這批棉花貨款只付了小部分，其餘要等這筆四百萬押款做好後再去付，怎麼可以等一個禮拜呢？我與邵樹華商量，請他

幫幫忙，我說今天就要派用場，邵說既然你這樣要
緊，讓我們再商量商量，明顯得很，這是他伸手要
錢。我不得不暗暗對他說：「請你幫幫忙，我有數
的。」他說：「有數是怎麼樣？」我說送你五萬元，
他說這筆交易是錢副總裁交下來的，否則的話，我
們要一成，後來我只好給了十萬元，當天把押款做
好了。

錢大櫆公館（筆者攝於 2018 年）

這位「三奶」，本名黃慕蘭，原是人稱「黑牡丹」的大連
名妓，錢大櫆在交通銀行大連分行任經理時勾搭上，錢與日本
關東軍往還密切，日本人把他推薦給周佛海，掌控偽中央儲備
銀行。

三奶隨錢大櫆到上海，招搖過市，錢家的揮霍和三奶的囂
張，上海灘人所共知，人神共憤。

　　錢大櫆家裡生活的奢侈浪費真是一言難盡，每
頓夜飯至少三桌，每桌小菜盆盆碟碟至少有二十多

樣，這個三奶常常説小菜不好，大發脾氣，只要三奶今天説一聲哪個小菜好，即使是一隻醬瓜，明天至少有十個人送醬瓜來。「呂宋王」魚翅，他家裡至少有二百隻存貨。

有次錢大櫆領我去看他的古董間，一個大房間堆得實實足足，雜亂無章，三奶又領我去看她的香水間，大大小小的銀器櫥有十多隻，裡面放滿各式各樣的香

錢大櫆和「三奶」在汪精衛公館

水，三奶指給我看，説這一瓶值幾百元，那瓶要一千多元。這些東西都是拍馬屁的人送來的禮物，他們自己是一個錢也不花的。

有次我走進門，看見錢大櫆在看信很不高興，後來知道是他的前妻朱氏寫來的，內容是要求他經濟上一些幫助，我勸錢應該幫助她一點，我説你今天的力量，儘可以給她一筆較多的錢，讓她生活安定。哪裡知道這幾句話被三奶知道了，對我大不滿意。起初我還不知道，後來見她總是一張不高興的面孔對待我，方始知道是為了我這幾句話，從那時起，我就一段時間不去了，有時錢打電話來，我也不去。據説後來錢對前妻非但一文不給，還破口大罵。

抗戰勝利後錢大櫆被判死刑，三奶流落街頭，1952 年毒癮發作而死。

—・—

四　上海淪陷　虎口餘生

1941 年 12 月 6 日，日軍偷襲珍珠港，太平洋戰爭爆發，日軍進駐租界，上海「孤島」時期結束。

> 1942 年春天某日，日本巡捕房經濟科一個叫小林的日本人打電話給我，通知我明天九點以前到捕房去，我不知道什麼事。
>
> 到下一天九點前，我膽顫心驚不得不去。這個小林在一間刑訊房裡審問我，四面都擺着刑具，對我很兇但沒有動刑。後來小林走了，過了一會兒，進來一個中國人與我談，他開口就說，小林要十萬元，馬上放你走。我只好答應，他把我放了出來，下午我馬上送去十萬元。
>
> 下一天我又接到經濟科科長名叫福田來電話，要叫我馬上到捕房裡去，我很擔心又出什麼問題了，不敢不去。我到了捕房，這個福田就在他辦公室對我問話，他的辦公室很大，有許多人在那裡辦公，他大聲大氣地對我說：「你昨天送他們十萬元是什麼意思？你想買通我們嗎？」我想這十萬元不是我送的，而是他們向我要的，但又不敢直說，我只能說：

「因為他們對我很客氣，所以我謝謝他們。」福田説：「告訴你，我們日本人是不要錢的。」同時在銀箱裡拿出一包鈔票，就是我昨天給他們的十萬元，放在檯子上，對我説：「今天叫你來，沒有別的事情，就是還你十萬元。」

　　我心裡想難道日本人真的不要錢嗎？他一面講一面拿了這鈔票對我説：「你跟我來。」一直走出捕房的大門，領我到隔壁江西路口的漢彌登大樓。上電梯到六樓，他拿出鑰匙開了房門，打電話叫了咖啡蛋糕，很客氣地請我吃，我不知他葫蘆裡賣什麼藥，只好敷衍他。

上海巡捕房

漢彌登大樓

坐了一會兒他立起身來說：「我送你回去吧。」立起來的時候他拿了這包鈔票對我說：「這包鈔票怎麼辦？」我看出他的用意，對他說：「這十萬送給你吧。」他笑嘻嘻地說：「好，謝謝你。」

　　原來他說日本人不要錢是假的，假如在公開場合（他的辦公室）不說要還給我，那十萬元是大家要分的，現在這樣一來，他一個人獨吞了。我想原來日本人不是不要錢，而是又要面子又要錢。我還應他的要求，親筆寫了「公正廉明」四個字的橫幅，配了鏡框，送給他掛在辦公室裡做幌子。

　　自此以後，這個經濟科長福田，經常不請自來，常常到我家裡來，次次要請他吃飯喝酒還要送錢。那時候我有一百根大條（一千兩黃金）存在匯豐銀行，匯豐被日本軍管，所有存款都凍結了。我向福田探問有沒有辦法可以拿回來，他對我說，介紹一個朋友給我，叫太田，說這個太田與偽捕房首領「渡正監」非常要好，而渡正監同匯豐銀行軍管的大班私交很好，這件事情只有托渡正監，可以有辦法。渡正監是上海日本佔領軍的警察局局長，漢奸市長見了他也怕三分。

當年四馬路上海捕房，原為 1933 年興建的英租界工部局中央捕房，現為福州路 185 號上海公安局。與中央捕房毗鄰的漢彌登大樓，即今福州大樓，在江西中路 170 號，1932 年公和

洋行設計，華懋地產公司興建，這兩處現都列為歷史優秀建築。

日偽上海第一警察處（特高處），處長由當時汪偽政府上海市長陳公博兼任，另設副處長兩人，由中日兩國人分任，渡正監名義上是副處長。實際上，陳公博等兩個漢奸只是擺樣子，實權完全掌控在這個日本警視總監手中（日本警察最高級別為「正警監」）。

渡正監，渡晃雅美（1897-1953），其父渡正元晃元是日本上議院（貴族院）議員，東京帝國大學畢業，曾任日本駐華使館參贊，上海警視總監，他是日軍管治上海最重要的人物之一。

> 後來這個太田約了渡正監到我家裡來，酒飯之後又邀他上樓去吸幾筒鴉片煙，他也喜歡這玩意兒，一點不推卻，靠在煙榻上說，他認識匯豐銀行軍管的大班，可以和他商量商量看。
>
> 不久太田給我回信，叫我帶一個翻譯，這個禮拜天早上十點到邁爾西愛路十八層樓（現錦江飯店中樓）最高一層去。我到那裡渡正監已在了，這地方是匯豐銀行軍管的日本人寓所，談了一小時，都是敷衍話，沒有談到正文。最後渡送我出來時對我說，這件事情已經與匯豐大班說好了，叫我明天早晨九時到匯豐銀行去找一個日本人某某，可以把這一百根大條拿出來。
>
> 下一天果然很順利把這一百根大條拿了回來，

同時交回他們的收據。這天下午太田又來看我，對我說渡正監要廿條黃金酬勞，還說其中十條，是匯豐軍管大班要的，但不要金子而要鈔票，我就按這一天的黃金價值作了鈔票給他們。

紹興路 54 號現貌（筆者 2004 年攝）

— · —

五　敵寇末路　大地重光

1941 年章榮初遷入新居紹興路 54 號。該幢有幾十個房間的大宅，有兩畝前花園和有泳池的後花園，由大客廳的迴旋大樓梯登上二樓，是可容納十多人的小客廳。

1941 年我買下紹興路 54 號，有個很大的客廳可以擺十幾桌酒席，還有專門給樂隊的小舞台，杜月笙的管家萬墨林常向我借用來請客。他在我家裡很熟，經常借我家裡請客賭錢，不下十多次，所以我完全無所謂，誰知出了事。

1944 年陽曆四月間某一天，萬墨林來電話說，

> 某天晚上他想要借我家裡請幾位銀行家吃飯，我答允了他。這一天旁晚，陸陸續續地來了好些人，但來的不是銀行家，而是吳開先、吳紹澍、蔣伯誠、王先青、萬墨林、朱學範等等有廿人左右，都是國民黨裡的人。這頓夜飯吃到十時許，又打沙蟹，還有兩桌麻將，一直到天亮才散。這一次吃飯是萬墨林利用我是一個資本家，不會引起太大注意力，起先不講明白是恐怕我不答允，所以推說請銀行家。

其實這是國民黨地下組織的一次會議。

1937 年「八一三」，抗戰全面開始，國民黨上海市黨部大部份委員參與了汪精衛的所謂「和平運動」。蔣介石震怒，1939 年 8 月派國民黨中央組織部副部長吳開先潛回上海，重建在上海的地下組織，成立敵後工作統一委員會，吳開先任書記長。1942 年 3 月因叛徒告密，吳開先被捕，經潛伏在敵偽內部的唐生明將軍營救，返回重慶。1943 年底吳開先再度負命到上海，與戴笠協調地下力量，於是就有了在章榮初家舉行的這次會議。出場人物都是抗戰時期國民黨在上海的重量級人物。

吳開先

吳開先（1899-1990）松江人，上海法政大學經濟科畢業，北伐時加入中共，參加上海工人三次武裝起義，四一二事變後成為國民黨 CC 系主要骨

幹。先後任國民黨上海市黨部常務委員、組織部長、社會局長。
抗戰時任國民黨組織部副部長、敵後工作統一委員會書記長。

吳紹澍（1906-1976），吳開先的
侄子，恆社社員。畢業於上海法政大
學，早年加入中共，後轉投國民黨。
1939 年，國民黨中央派他回淪陷區上
海，籌建國民黨上海市黨部和三青團
上海市支部，任第七戰區中將司令，
領導抗日地下組織。抗戰勝利後，吳
紹澍出任上海市副市長兼國民黨市黨
部主任、三青團上海支部幹事長，自以

吳紹澍

為羽毛豐滿，與師父杜月笙反目成仇，不久又失寵於國民黨主
流派。1949 年他策動滬西、南市兩個獨立旅起義，5 月 14 日凌
晨，他和上海前警察局長楊虎在虹橋迎接解放軍。上海「解放」
後，他協助軍管會辦理敵產接收工作。1950 年到北京任交通部
參事，1957 年被劃為右派，文革中遭
迫害，被捕死於獄中，文革後獲平反，
骨灰安放八寶山。

蔣伯誠（1889-1952），浙江諸暨
人，北伐第一軍參謀長，浙江省防司
令，抗戰時受蔣介石委託留在上海。
抗戰後任國民黨中央執行委員，中央
軍事委員會委員長（蔣介石）駐滬代

蔣伯誠

表。1949 年重病未赴台灣，1952 年病故上海。

王先青（1900-1972），江陰人，
杜月笙「恆社」社員，上海社會局科長，
中國救濟總會幹事長，抗戰時留滬從事
地下工作。五十年代在台灣曾任行政院
長俞鴻鈞的咨議。

王先青

萬墨林（1898-1979），杜月笙的
管家，抗戰時留在上海聯絡各地下人
士。

朱學範（1905-1996），杜月笙「恆社」主要人物，民國工
會主席，國際勞工組織理事，「解放」後郵電部長，文革後民
革中央主席，全國人大副委員長。

> 到了陽曆六月間，徐采丞打電話告訴我說：「萬
> 墨林和一批人被捉到憲兵隊去了，聽說這些人在你
> 家裡吃過飯，所以也要來捉你，這幾天你還是避開
> 吧。」我當時聽了不當一回事，我想吃飯是萬墨林
> 請客，不過借我地方罷了，與我沒有關係。不料就
> 在下一天早晨八點左右，來了七個日本人到我家裡，
> 把我捉到貝當路憲兵隊。

淪陷時期日寇在上海的憲兵隊總部在四川北路，兩個分
部，滬南分隊在貝當路美童公學（今衡山路），稱「貝公館」；
滬西分隊就是原汪偽特工總隊傑司斐而路 76 號（今萬航路）。

貝公館現貌（筆者攝於 2004 年）

　　憲兵把我押到二樓一個大房間，進去以後先問我，這一天請了多少客人？我說：「不詳細，大約將近二十人。」這個憲兵在紙上畫了兩個大圓圈，表示兩隻圓檯子，旁邊畫了許多小圓圈，表示坐的凳子，問我什麼人坐在什麼地方？天曉得，起先我只認得萬墨林、朱學範和吳開先，吳紹澍還是經萬墨林介紹後才知道的，其他的人連名字都不知道，叫我怎麼講得出呢？

　　問到十時許，叫我到樓上一間大房間裡去，一個日本憲兵坐在中間的一張寫字檯椅子上，對面也有一張椅子，這個日本人用手把電鈴按一按，寫字檯對面的椅子就會動起來，我知道這是電椅子了。

一會兒來了三、四個日本人，拿來十幾塊夾板和許多繩子，把我拖到椅子上去，這時候我心裡又怕又恨，怕的是從前聽人家講過，坐過電椅子以後，人就要變成殘廢，恨的是日本人凶神惡煞，不顧你死活。當時他們幾個人把我硬拖上這個殺人武器電椅上去，我硬是不肯，剛被他們拖上去，正在這緊張時候，忽然門口來了一個日本人，把門半開地對裡面日本人說了幾句日本話，坐在寫字檯上的日本人對我說：「你不肯坐是嗎？那就換個花樣吧！」他們幾個把我的兩隻手綁起來，腳沒有綁，在這個房間裡四角立四個日本憲兵，把我這個人當皮球拋，先把我拖到一個角裡的日本人旁邊，這個日本人就用力把我一拋，當然不出幾步就跌倒了，他們哈哈大笑，又來把我拉到另一角裡，交給另一個日本人再拋，我跌了十廿次。後來又把我吊起來打，這樣到了下午大約兩點鐘的時候，日本人把我放下來，叫我坐下來對我說：「已經決定了，明天槍斃你。你寫一張遺囑吧！」我說：「橫豎要死了，寫什麼遺囑。」他舉起手來很重地打了我一記耳光，就把我關到牢房裡去。

走進牢房門，把褲帶、皮鞋帶、手錶等留在外面，再進牢門，這扇牢門只有下半段，要鑽進去的。鑽進去以後，外面守兵叫我睡在毛坑旁邊，從角落裡丟幾塊又破又臭的毯子給我。牢房裡面已經有一個人叫王

先青，也是曾到我家來吃飯的一人。他對我說：「章先生你也來了。」

在這個牢房的牆外，有許多狼狗叫得令人心驚肉跳。十幾分鐘後，送飯進來，用一個大的毛竹筒當飯碗，裡面粥不像粥，飯不像飯，一股酸氣味令人惡心，哪裡吃得下去呢？這位姓王的對我說：「你還是吃吧，這一頓以後要到明天十時再吃了，我第一天也不吃，第二天餓得要命。」我說：「寧可餓死也不吃。」

大約到四五點鐘左右，有一個日本人來叫我了，說：「吃飯去！」我跟他走出了牢監的總門，看見桌上有一碗蝦仁蛋炒飯，我問他們哪裡來的？他說：「你朋友送來的。」後來知道是徐采丞叫四馬路大西洋西菜館送來的，就把它吃了，吃了以後再進牢房。進去不到半小時，外面又來叫了，走出監牢總門，他們把拿去的褲帶等還給我了，我知道可以出去了。

到了外面，看見徐采丞同一個又高又大的日本人在一起，這個人中國話說得很好，徐介紹一下叫阪田大將。

徐采丞馬上送我到家裡，在徐采丞送我回家的路上，我問他這一次吳開先也被憲兵隊捉去了嗎？徐笑嘻嘻對我說吳是不會捉的。我聽了還是不懂，日本人為什麼不捉吳開先？到家裡約下午五時半。

聽說徐采丞為這件事情用去了三十根大條，後來他兒子結婚時，我就買了價值等於三十根大條的首飾送他，答謝他這個交情。

　　落筆至此，回想當日在日寇的鐵蹄蹂躪之下，我們中國人生死予奪，全操敵手，生命毫無保障，雖然由友人用鈔票營救脫險，但已飽受驚恐，至今思之，談虎色變，心有餘悸！

　　當時杜門有「內務萬墨林、外交徐采丞」之說，徐采丞原是《申報》董事長史量才的得力幹部，1932 年「一二八」事變，十九路軍奮起抗戰，史量才、杜月笙組織上海地方協會，史杜分任正副會長，徐采丞的組織才幹深得杜讚賞，史量才被暗殺後，徐采丞接替黃炎培任地方協會秘書長，成為會長杜月笙最倚重的助手，從此列入杜氏門牆，成為杜月笙對外打交道的代表。

　　徐采丞深藏不露，處事穩重，有功不居，善於利用各方面關係，這是杜月笙最欣賞的個性。1937 年 11 月杜月笙經香港轉赴重慶，指定徐采丞作為他在上海的正式代表，「恆社」一切事務，包括萬墨林在內，都聽他調遣。身為杜在上海的全權代表，徐參與了蔣、汪、日之間很多秘密事務。

　　我認識徐采丞是杜月笙介紹的，杜叫我向史量才的民生紗廠投資二萬五千元，而徐是民生紗廠總經理。徐采丞是杜門紅客，我到杜家去的時候，總

是看到他在旁，他對我也很熱絡。徐采丞是杜月笙的智囊，杜月笙離開上海後，徐采丞成為杜在上海的全權代表，我有事都同徐采丞商量。

　　在敵偽後期，當時徐采丞組織了一家「民華公司」，把淪陷區的重要物資，如棉紗、棉布、紙張等運到重慶去，再把內地的重要物資如桐油、牛皮等運進淪陷區，賺頭極好。這筆賺頭是歸戴笠和杜月笙兩人所得的。

抗戰後期，國民政府連軍服都沒有了，蔣介石拿出八百萬美元，指令民華公司在敵佔區收買棉花，徐采丞通過阪田誠盛關係，不斷把棉花棉紗轉經湖南、貴州，用小船、手推車運往重慶。

佔領中國不是日本的戰略目標，他們想盡快從中國抽身，攻佔資源豐富的東南亞和澳洲。但蔣介石和杜月笙抗戰的堅決態度，令日本人的企圖始終無法得逞。

　　當時我弄不懂日本人為什麼肯把大量棉紗棉布運到重慶呢？後來徐采丞露過一句口風，說日本人希望通過戴笠和杜月笙要叫蔣介石求和，就是要蔣介石投降。所以在上海凡是日本人事情，徐采丞都兜得轉，日本人還允許他有一個私人電台與重慶聯繫，吳開先在上海是由徐采丞掩護的，因而日本人不會捉吳開先，還拉攏吳開先和阪田誠盛見過面。

> 他們之間的勾勾搭搭，徐采丞從來不肯講的，只是
> 偶爾露些話風而已，我對這類事情也怕牽連，所以
> 也不多問。

徐采丞、萬墨林和章榮初關係十分密切。杜月笙赴重慶後，杜府留守人員的開銷，杜多次經徐采丞，要求章在財力支持，由章榮初私人財務「章榮記帳房」支出。榮豐紗廠開工時，徐來參觀，對榮豐的規模大為讚賞，之後說杜月笙從重慶來電表示要參股，因此章榮初將原本獨資的榮豐紗廠改為有限公司，吸收了杜月笙、徐采丞和徐寄廎各三萬投資。章榮初請杜月笙為榮豐董事長，他自己和徐采丞、徐寄廎為常務董事。杜月笙身兼七十二家公司董事長，但真金白銀拿出錢來投資的只有楊管北的大達船務和榮豐紗廠，可見他對章榮初投資眼光的信賴和經營能力的認可。那時杜月笙已在大後方，由徐采丞為代董事長，抗戰勝利後，杜回到上海，榮豐紗廠由杜任董事長，直到上海「解放」。

1949 年上海「解放」，徐采丞像抗戰時一樣，又一次做杜月笙的留守全權代表。1950 年他去北京，由黃炎培引覲了周總理。徐建言像陪都時一樣，在香港成立一個貿易公司，為新中國輸入所需物資。同時聯絡他的老搭檔阪田誠盛，把美國物資經香港運入中國大陸，重施「民華公司」故伎。未幾，阪田遭美軍逮捕，1951 年 8 月杜月笙在香港謝世，徐采丞與錢新之、吳開先等，應杜之邀，作為遺囑執行人在杜遺囑上副署。徐采丞太不了解共產黨，北京已經邁出了倒向蘇聯的堅定步伐。這

個黑箱政治的老手走到了盡頭，窮極潦倒，精神憂鬱恍惚，1954 年在香港銅鑼灣國泰酒店仰藥自盡。

當時日本佔領軍在上海的特務組織有八大系統：（一）日本大本營參謀部直系；（二）大本營陸軍部直系；（三）支那派遣軍直系；（四）陸軍省直系；（五）大本營海軍司令部直系；（六）內閣情報局系統；（七）外務省情報局系統；（八）民間系統。其中大本營陸軍部直系在上海的特務組織，主要有三個，最高特務機關是阪田誠盛負責的「田機關」（對外稱田公館），其次是大場茂負責的「大場機關」（對外稱大公館），還有森政一負責的「森機關」（對外稱森公館）。

阪田誠盛是日本浪人，說一口流利漢語。1900 年生於大阪和歌山縣，17 歲到中國，入北京民國大學政治科，1928 年畢業後進日軍參謀本部做特務在中國收集情報。「九一八」後進關東軍第一課當特務。1934 年初東京「滿州鴉片供需會議」確定熱河省 60

阪田誠盛

萬畝土地由「興亞院」開闢為鴉片種植區，開設海洛英工廠，大規模生產毒品，毒害中國人，此罪惡勾當由阪田誠盛負責。1935 年他受關東軍特務長土肥原賢二賞識，活動範圍由華北擴展到京滬。1938 年 12 月，日本陸軍大臣東條英機下達「對華經濟謀略實施計劃」，代號「杉工作」，偽造中國貨幣，破壞

中國經濟，在上海設立「杉機關」，由阪田負責，1939 年初阪田以私人名義在上海註冊「誠達公司」，資本一億日元，實施對華經濟作戰。

阪田誠盛深知杜月笙在中國政治上的能量，及與蔣介石非一般的關係。抗戰前阪田就和徐采丞往還密切，上海淪陷後，徐采丞憑一張「田公館通行證」，在上海通行無阻。日本人為了拉攏杜月笙，進而說服蔣介石放棄抗日，允許徐采丞保留私人電台與重慶聯繫。但蔣介石堅持抗戰到底，絕不妥協，令日寇在中國泥足深陷。

章榮初回憶錄繼續寫到抗戰勝利前夕：

> 這時候棉花是日本軍部統製的，紗廠買不到原料，用電也是不供給的，只有一點照明用電和打水用電。工廠沒有原料，沒有電力，困難得不得了。
>
> 1944 年夏天某日，棉花掮客陳慶棠來對我說：「有一批印度棉一百二十件，每件五百磅，但沒有樣子，不過可以保證很好的，送到廠裡再付錢，價錢非常便宜。」我就向他買了，下一天用六部五噸卡車一起運到廠裡，廠裡打電話與我說：「不是印棉而是美棉，是一寸卅二分之一長的美棉，可以紡32 支。」我一聽很開心，過磅後就付了錢。
>
> 大約四五天後，陳慶棠急匆匆跑到我家裡來，心急慌忙地對我說：「出事了，出事了！」還叫我

趕快離開家，我與他一起出來，一路上問他怎麼回事，他說：「這六卡車棉花是從虹口軍部偷出來的，卡車已經都捉到巡捕房裡去了，還有四個掮客和經手人也都捉進去了。現在要來捉我，捉了我就來捉你。」我聽到這消息大吃一驚，住在親戚家裡避風頭。兩三天後，陳慶棠笑嘻嘻來尋我，對我說：「問題解決了，虛驚一場。」

原來巡捕房接到告密，說有人在軍部偷出來六卡車棉花賣給某廠了，巡捕房馬上捉人，又派人到虹口軍部去查詢，問他們：「是否被人偷了六卡車棉花？」軍部人說：「沒有這回事。」捕房人又問：「某月某日有六卡車棉花出廠麼？」軍部說：「有的，這六卡車棉花是由虹口軍部運到東區軍部交與內外棉紗廠的。」還拿出一張東區軍部的收據。捕房的人又到東區軍部去查，他們說六卡車棉花的確收到的，已經交與內外棉紗廠，也有內外棉紗廠的收據，巡捕房回去就把人放了。

其實這件事情，是日軍虹口軍部與東區軍部互相勾結作弊，把棉花偷出來賣，我付的錢他們幾方面私底下分了，日本人說是紀律嚴明，其實也在千方百計撈錢，甚至盜竊自己軍部的倉庫。

1944年，抗戰已到最後階段。日寇的日子到頭了，什麼「武運長久」、「共榮共存」，走入絕境的日本人只顧自己撈錢。

這是黎明前的黑暗，侵略者垂死的掙扎，最後的貪婪，再無法掩飾了。

　　美國總統提出構建戰後國際秩序的重大任務，主張美英俄中法為中心，蘇聯強烈反對中國列入世界五強，羅斯福總統說：「聯合國是一個世界性的組織，全球主要國家都應參與，如果最大洲沒有一個國家擔任常任理事國，不能服眾。而中國實力現在雖弱，但擁有無限的潛力。並且在二戰中牽制日本多年，付出大量犧牲，應享受戰勝國的相關權利。」英國首相丘吉爾說：「是中國阻止了我方在中東陣線的全面崩潰。」6 月 6 日美英加聯軍在法國諾曼地登陸，8 月 21 日，美英中蘇四國簽署《中蘇美英四國關於普遍安全的宣言》，籌建聯合國。1945 年 5 月 2 日蘇軍攻克柏林。

　　1945 年 8 月 15 日日本人投降，抗戰勝利了，作為一個中國人，吃過日本人許多苦頭，聽到勝利，真是欣喜欲狂。

　　抗戰給半睡半醒的古老中國猛擊一掌，迫使一盤散沙的東亞病夫團結起來對抗強敵，經歷堅苦卓絕的抗戰，終於贏得了百年來第一次勝利，洗雪了積久的民族恥辱，中國獅醒了。

本文原載
《檔案春秋》上海市檔案館 2015 年第五期

「青樹同學會」與《雄風》雜誌
── 紀念穆漢祥、史霄雯烈士犧牲六十五週年

　　上海「解放」六十五年了，大地回暖，春風拂煦，六十五年前這個時刻，腥風血雨，前赴後繼，多少熱血青年，為了我們的今天，獻出了他們年輕的生命。

　　交大學生穆漢祥、史霄雯就是眾多烈士之一，他們壯懷激烈的生平事跡，已經有很多記載，筆者從我家人和他們交往的側面，寄託對他們的緬懷。

── ‧ ──

一　「四‧二六」大逮捕

　　1949 年 4 月 20 日，解放軍勝利渡江，23 日佔領南京。京滬杭警備司令湯恩伯八個軍二十餘萬人，陷於三野陳粟大軍的重重包圍，奉老蔣命作困獸鬥，垂死掙扎。湯恩伯發佈「十殺令」，軍警特務橫行，「飛行堡壘」呼嘯而過，上海一片白色恐怖。

　　4 月 26 日半夜，國民黨軍警對全市十七所大學進行大搜捕，用裝甲車撞開交大後門，包圍學生宿舍，按

軍警包圍交大

黑名單逐間搜捕。「四‧二六」大逮捕後直到5月初，地下黨付出沉重代價，交大被列入「黑名單」的108個學生中，56名被捕，其中中共黨員7人，黨的外圍組織「新民主主義青年聯合會」成員10人。交大總支委員穆漢祥（當時已調任徐匯區區委）和化工系四年級學生、「新青聯」負責人史霄雯被捕，在上海「解放」前夕的5月20日，兩人一起被害於閘北宋公園。

穆漢祥（1924-1949），回族，天津人，中共黨員。1945年考入交大電信管理系，先後擔任中共交大總支委員、徐匯區區委，負責交大學生自治會和黨的外圍組織「新青聯」。發動學生對國民黨鬥爭，犧牲時年僅25歲。

穆漢祥

史霄雯（1926-1949），常州人，三青團員，1945年入讀交大化學系。在歷次學生運動中一直走在最前列，1947年春他參加了地下黨領導的「新民主主義青年聯合會」，被上海警備司令部列入黑名單第一名。被害時年僅23歲。

5月29日，上海「解放」第三天，學生自治會找到了烈士的遺體。6月5日全校師生迎回兩烈士遺體，舉行追悼

史霄雯

大會。1950年5月烈士犧牲一週年時，交大校園建立了兩烈士紀念碑，交大校務委員會主任吳有訓請陳毅市長為烈士碑題

詞，陳市長題詞：「為人民利益而光榮就義是值得永遠紀念的。」吳有訓題詞：「我們誓踏着你們的血跡前進，為建設新民主主義新中國而鬥爭。」

—·—

二　「青樹助學金」與「青樹同學會」

穆漢祥、史霄雯兩烈士就讀交大，都由我祖父章榮初創辦的「青樹助學金」全額資助，史霄雯在 1947 年更接手我父親章志鴻創刊的《雄風》雜誌，辦成一本進步刊物。

章榮初早在 1933 年，就在故鄉菱湖鎮創辦青樹小學，抗戰時被日寇焚毀，1946 年重建，成為浙江省規模最齊全的中小學。同時在上海，請《新聞報》社長嚴諤聲【註 1】出面，設立了資助貧寒學生的教育基金「青樹助學金」。

章榮初在回憶錄《我在舊社會的三十五年》中寫道：

> 抗戰勝利後，我在菱湖重建青樹學校，此時上海各大學重新開學，那時讀大學學費很高，很多成績很好的清貧學生交不起學費，所以我委託我的朋友、新聞報社長嚴諤聲辦了「青樹助學金」。
>
> 我定了幾條原則：助學金對象是考上大學的學生，成績優良，品行端正，家境困難。每年名額一百名，給予全部學費、書雜費和生活費用。一切事務請新聞報辦理，報館先發佈消息，由學生提出申請，

報館請了黎照寰、王蘧常等幾個教授【註2】，對學生進行考查，評出受助對象，報館派人進行家庭訪問，最後定出受助名單，就可以領取連續四五年的全額學費、書雜費和生活費，並對成績特別優越的學生發給額外獎金。

幾年來，受助學生從大學一年級至四年級共有四百多人，他們發起一個「青樹同學會」，我在我的辦公大樓騰出兩個房間，供同學們聚會。另外還在新聞報館辦了一個有八間房間的實驗室，供高中學生使用，這些事情都由嚴諤聲總負責，我負擔一切費用。「青樹助學金」一直辦到1948年底，「青樹同學會」也到解放後結束了。

穆漢祥、史霄雯都是「青樹助學金」第一屆受助學生。

章榮初長子章志鴻的回憶錄《我在新中國的四十年》記敘：

1945年夏季的茶話會上，第一屆「青樹助學金」受助學生、交大學生自治會主席周壽昌和交大學生史霄雯、復旦大學學生朱佐才及錢皋韻、顧素娟、何亮家，倡議成立「青樹同學會」，同學們當場決定由周壽昌、史霄雯、朱佐才三人負責，並請我為會長。

我父親很贊成，起先在天津路豐業大樓，後來

在順昌路租了一個里弄房子做會址，有圖書閱覽室和活動室，買了圖書報刊、乒乓桌和樂器等，各校同學們都經常在這裡聚會。後來這裡成為中共地下黨的活動地點之一。

中國共產黨在大城市的勝利，很大程度得力於文化界、青年學生和上層民族資產階級的支持，人心所向，勢不可擋，大學生進步組織為上海「解放」所作的努力是舉足輕重的。

— · —

三 「榮豐紗廠」與《雄風》雜誌

1946 年，章榮初有意扶植長子章志鴻接班，安排他出任榮豐紗廠企劃部主任，他的幾個聖約翰大學同學，凌子鈞、陳德華、余益年，和榮豐紗廠一批年青工程師黃景園、金繩武、張蘭彬等，志同道合，磨拳擦掌要做一番實業。

《雄風》創刊號

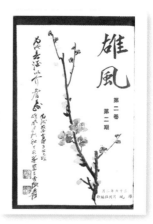

張大千作《雄風》雜誌
第二卷封面

他們辦了一個雜誌，以「榮豐」諧音取名《雄風》，1946年6月1日創刊，聘無錫國立專修學院教務長王蘧常教授為主編。從四十名特約撰稿人名單可看出其雄心，有聖約翰大學教授王欣夫，中央大學教授朱東潤，復旦大學教授周谷城、趙景深，北京大學教授季羨林，滬江大學教授俞慶棠，中華書局編輯所長舒新城，無錫國立專修學院教授朱大可，《申報》主筆儲玉坤等。

章志鴻《我在新中國的四十年》記敘：

> 我當時在我父的榮豐紡織印染廠任企劃部主任，經王蘧常教授介紹，我請了育才中學校長潘伯棠擔任我的文書助手，請大同大學統計學教授陸宗蔚，負責全廠統計工作，另一位教授陶壽康負責計劃工作。我負責的企劃科，文人氣息重，陶壽康建議我辦一份公司內部月刊，定名《雄風》（「榮豐」諧音），以介紹國外企業管理知識為主，並報導公司內部計劃和規章制度。
>
> 1946年8月我赴美留學時，青樹同學會的史霄雯向我提出，47年起由他來接辦，改為科學普及月刊，對社會發行，經費仍由公司支持，我同意了。這份月刊很成功，曾發行到新疆，頗受各地學生歡迎。1950年9月我回國後，得知同學會和月刊已在上海解放後結束，並知道周壽昌已是全國青聯副主席。

> 史霄雯是三青團員，在 1949 年 4 月國民黨大逮捕中，交大學生多人被捕，其中有史霄雯和另一個青樹同學穆漢祥。穆漢祥是交大共產黨地下支部書記。解放前夕史、穆等被國民黨殺害，埋在普善山莊。解放後從墓地掘出，史的屍體已腐爛，他衣袋中還藏有紅領巾，交大開了追悼會，在校園建立史、穆兩烈士紀念碑，我回國後特去交大拜祭。

章榮初次子章志鳴在 1949 年 6 月 6 日寫信給在美國的兄長章志鴻：

> 上海已於廿五日清晨解放，史霄雯同學已於解放前被反動派捕殺，同學公憤之極，昨日開追悼會於交大，青樹亦參加並送二輓對及銀元三十元。

當時交大進步學生出版兩本雜誌，《激怒的鐵流》由學生自治會主辦，《雄風》成為新青聯的刊物，1947 年起由史霄雯主持，刊登進步思想的文章如介紹馬克思主義等，並大力宣揚中國共產黨主張的新民主主義。

關於史霄雯是三青團員這點，過去一直被忽略。中國的繁榮富強、社會民主，是國共兩黨正義之士的共同目標，上海「解放」前夕被湯恩伯、毛人鳳殺害的烈士中，不但有共產黨人，也有不少國民黨人、三青團員。在兩岸重新攜手、兩黨再度合作的今天，指出這點是有意義的。

—・—

四　青樹精神長存

在穆漢祥、史霄雯的引導下，青樹同學會逐漸成為共產黨外圍組織，「四・二六」大逮捕後，湯恩伯發現被國民黨當局列入黑名單的三百多名進步學生中，竟有七十多人屬於青樹同學會，因此下令逮捕章榮初。

章榮初《我在舊社會的三十五年》說：

> 蔣匪幫大勢已去，反動當局垂死掙扎，瘋狂捉人，飛行堡壘在馬路上橫衝直撞，上海成了恐怖世界。
>
> 1949 年四月份，忽然消息傳來，警備司令部要捉我，那時是湯恩伯在上海統治，為的是我多年前委託新聞報館辦過「青樹助學金」，受助的同學有幾百人，他們組織了一個「青樹同學會」。同學推舉我長子章志鴻為會長，這時他早已去了美國，這個「青樹同學會」的很多同學都是進步學生。
>
> 警備司令部的「黑名單」裡有七十幾人都是「青樹同學會」的同學，交通大學為革命犧牲的兩烈士也是「青樹同學會」同學之一，湯恩伯查出「青樹助學金」和「青樹同學會」是我辦的，因此要來捉我。

幸虧章榮初的「先生」杜月笙和同鄉老朋友潘公展等出面疏通，說明「青樹助學金」和「青樹同學會」只是慈善事業，與政治無關，章榮初才得倖免。

逃過了國民黨末日瘋狂大逮捕，5月1日章榮初去杜府致謝，杜月笙已打點行裝，急匆匆登上荷蘭輪船公司最後一班「寶樹雲號」離開上海，這是章榮初和杜月笙最後一次見面。

「青樹助學金」受惠者達四百五六十人，他們在 1949 年新中國成立前後大學畢業，很多人成為五六十年代的中高級科技和領導人才。

前述「青樹同學會」創議者，周壽昌 1943 年入讀交大化學系，1946 年加入中共，解放後任共青團中央學生部副部長，1952 年任清華大學黨委副書記兼辦公室主任，1957 年被打成右派，1974 年英年早逝，1979 年獲平反。顧素娟，1949 年畢業於上海醫學院，歷任北京朝陽醫院、北京婦產醫院副院長，中國計劃生育協會副主任。何亮家，外科專家，上海中山醫院外科主任。錢皋韻，原核工業部副總工程師、中國核學會理事長、工程院院士，他說：「我 1946 年讀交大沒錢，四年學費全部是章榮初先生的獎學金負擔的，我一直想報答他。」

2006 年，菱湖中學——即章榮初創辦的青樹中學——慶祝建校六十週年時，青樹老校友傚法章榮初，成立「青樹教育基金」。

青樹中學老校友、曾任駐德大使館武官的中國國際戰略研究基金會主席倪煜將軍即席賦詩：「十年樹木彈指間，百年樹人莫等閒；千載唯逢機遇好，萬古長青唱和諧。」

　　如今，六十五年過去了，但當年烈士們為之獻身的理想不會過去，今天我們回眸穆漢祥、史霄雯走向刑場的堅毅身影，更加堅定改革開放、實現中國夢的步伐。

【附記】《雄風》雜誌影印本，由上海社科院歷史研究所羅蘇文研究員提供，特此銘謝。

本文原載
《檔案春秋》上海市檔案館 2014 年第 5 期
《新民晚報》2014 年 5 月 27-28 日轉載

【註 1】嚴諤聲（1897-1969），上海大同大學、商科大學教授、上海市商會秘書長，《立報》總編輯、《新聞報》社長，大力宣傳抗日。「解放」後歷任市財委副秘書長、市工商局副局長、政協常委，文革中受迫害致死。

【註 2】黎照寰（1898-1968），同盟會員。留美經濟學、政治學碩士，回國後曾任聖約翰大學教授、上海交通大學校長等。「解放」後任上海市一至四屆政協副主席。

王蘧常（1900-1989），無錫國立專修學院教務長，上海復旦大學教授，著名歷史學家、書法家。

建設家鄉 回饋故土

在今日浙江湖州一帶，章榮初和他的故事，尤其是 1945-1948 年對家鄉的重建與復興，無人不曉。

章榮初 1946 年創辦的菱湖絲廠，在 2017 年與鞍山鋼鐵廠、漢陽鐵工廠、安源煤礦、景德鎮瓷廠、張裕酒廠等十一家歷史悠久的工廠一起，被政府工信部列入「國家工業遺產」第一批名錄。

1918 年他從鄉鎮來到上海，1928 年開設第一家工廠上海印染廠，1938 年開設榮豐紗廠，他的事業進入黃金十年，抗戰勝利後，他全力投入建設家鄉，回饋社會，在浙江投資超過二百五十多萬美元，1949 年新政府評定他為「解放前浙江省資產最多的民族資本家」。

抗戰勝利時榮豐紗廠的資產已超過一百萬美元，章榮初自己手中還有棉花、棉布、港幣外匯、黃金美鈔，價值也超過一百萬美元，榮豐的資產在 1945-48 三年間翻了三倍。章榮初為什麼在 1946 年開始把手中幾乎全部自由資金都投在了家鄉菱湖，真如有人說是「在上海賺夠了回來賺家鄉的錢」，還是「資產階級貪得無厭、唯利是圖的本質」？

他在回憶錄《我在舊社會的三十五年》對自己的心路歷程作過細緻剖析。

— · —

一 等中央盼中央，中央來了更遭殃

1945 年 8 月 15 日，日寇投降，中國人民浴血抗戰獲得最後的勝利，這是中國人三四百年來第一次對外敵的完全勝利。

章榮初在回憶錄寫道：「日本人投降，抗戰勝利了，作為一個中國人，吃過日本人許多苦頭，聽到勝利，真是欣喜欲狂。」

全國人民還沉浸在勝利的歡樂中，1945 年 10 月，尚在重慶的國民政府發佈《行政院各部會署局派遣收復區接收人員辦法》，成立全國接收委員會和敵偽產業處理局。派出大批軍政官員前往各地接收敵產。從重慶來到「淪陷區」的接收大員，手持尚方寶劍，如餓狼衝進羊群，誰會放過眼前的發財機會。一時間名目繁多的特派員辦事處林立，任意擴大接收範圍，大肆掠奪民脂民膏，真是「等中央，盼中央，中央來了更遭殃」。

當時章榮初名下十四家企業，其中四家紗廠，紗錠數在上海十大私營紗廠排名第五。1945 年 10 月底，章榮初名下的上海紡織印染廠被列為敵產，重慶派到上海主管紡織業接收工作的特派員查濟民【註 1】說，章榮初在抗戰期間曾和日本人合作，因而要全部沒收。

章榮初得知消息，焦急萬分，馬上整理了一份申訴書，去見行政院駐上海辦事處主任黃伯樵，說明工廠在 1937 年「八一三」戰事中被日軍佔領，1942 年在日本「興亞會」【註2】被迫下同意與日資裕豐紗廠【註3】合作，此所謂「合作」，他對工廠事務一無所知，也毫無受益，連去看一眼都不准。

黃伯樵是抗戰後期章榮初最接近的國民黨高官之一，太倉人，畢業於上海同濟大學，1924年留學德國，回國後任京滬杭甬鐵路管理局局長，及宋子文辦公廳主任多年。抗戰時在上海養病，經濟很困難，由北平市長袁良介紹給章榮初，請章資助他。黃伯樵說：「我要調查一下，如果他是漢奸，我不會接

黃伯樵

受。」後來他通過軍統調查後接受了章榮初的資助，並和章一起做了很多抗日工作。抗戰勝利後，黃伯樵出任軍事委員會委員長（蔣中正）駐滬代表公署秘書長、行政院院長（宋子文）駐滬辦事處主任。

對章榮初工廠的「接管」自然就否決了。

1945年底，重慶發佈漢奸名單，其中「經濟漢奸」，章榮初仍赫然名列。章榮初的「先生」杜月笙親自出馬，向國民政府申訴，指出章榮初積極參加上海抗日後援會，捐助抗日活動。如1942年章榮初買通上海和浙江日軍，那是為了修復錢塘江大堤，必須要日軍批出通行證才能施工。

章榮初的同宗族人、中國地質學一代宗師、荻港三瑞堂章鴻釗【註4】，專程去南京見同為地質學家、時任行政院副院長的翁文灝【註5】疏通。剛從重慶回到上海的經濟部常務次長、「中國現代會計之父」潘序倫【註6】，出任上海敵偽產

業處理局局長，也出面為章榮初澄清，他的立信會計事務所在
三十年代就為章榮初的上海紡織印染廠做會計審核工作。

　　1946年1月國民黨中央社會部長谷正綱指令上海市社會
局，調查章榮初在抗戰時期的活動，社會局派出多名調查員，
向上海市地方協會等機構查詢，現存上海市檔案館的調查報告
達五百多頁，1946年9月社會部頒令嘉獎，章榮初「敵產案」
和「漢奸案」終告撤銷。

章榮初手書申訴書
（現存上海檔案館）

上海地方協會給社會局的呈文
（現存上海檔案館）

— · —

二　官僚彈冠相慶，敲詐勒索

　　上面那場官司還沒收場，1946年3月份，章榮初接到素未
謀面的唐生明將軍電話，說宣鐵吾和阮清源正在他家，請章先

生務必去一次。

先說說這三個人物，唐生明、宣鐵吾、阮清源三人是結拜弟兄。

唐生明（1906-1987），北伐名將唐生智之弟，湖南東安人，抗戰初任長沙警備司令。奉蔣介石命投向汪偽政府潛伏，從事諜報策反工作。唐生明最為人津津樂道者，是他與當紅電影明星徐來一見鍾情，徐來和中國流行音樂鼻祖黎錦暉分手，改嫁唐生明。抗戰後唐生明任第一兵團司令，1948年他與上海地下黨負責人潘漢年聯繫，1949年在長沙起義，「解放」後任全國政協常委。因徐來與江青在上海時相識，文革中徐來被迫害致死，唐生明被囚八年。

唐生明

徐來

宣鐵吾（1896-1964）諸暨人，出身貧寒。1921年加入中共領導的社會主義青年團，1924年考入黃埔軍校，深受蔣介石寵信，任國民黨右派組織「復興社」中央幹事兼浙江省保安司令，抗戰後任淞滬警備司令，1964年卒於台灣。

阮清源（1899-1992）江陰人，軍統行動處長。1937 年淞滬抗戰爆發，戴笠組建以上海工人和幫會為主的游擊別動軍，投入八一三血戰。1938 年改名「蘇浙行動委員會忠義救國軍」，初由戴笠自任總指揮，後阮清源繼任總指揮，在蘇南浙北進行敵後游擊戰，對江南抗戰起了不可忽視的作用。

宣鐵吾　　　　　　　　　　　阮清源

抗戰勝利前夕混亂時期，章榮初在淪陷區收購的棉花，請忠義救國軍護送運到廠裡，因而與阮清源相識。抗戰勝利，阮清源春風得意，自視江南抗戰功臣，連戴老闆都不放在眼裡，戴笠找了個把柄就把他抓了起來。

章榮初接到唐生明電話就去了唐家，原來阮清源剛被戴笠放出來。唐生明說：「阮司令已退出軍界，現在我們正為他籌劃一個航運公司，宣司令已經拿出一筆錢，阮司令幫過你忙，所以也請你幫幫阮司令忙。」

章榮初問要多少，宣鐵吾說二十根條子吧，即二百兩黃金。第二天章榮初只好送去二十根金條，宣鐵吾請章榮初在諸暨同

鄉會吃了頓飯，阮清源寫了封信致謝，至於什麼航運公司，當然不了了之。

這樣的勒索層出不窮，戴笠也請章榮初吃飯，要章榮初捐助軍服，當然也是以金條折算，給了五十根大條。

在章榮初背後，多少人蓄謀已久，垂涎欲滴，密謀着分章榮初的家產。

1946 年 8 月 1 日上午，突然一批人來到章榮初紹興路 54 號家中，把電話線剪斷，拿出檢察署的傳票，說章榮初犯有漢奸罪，馬上把他帶走。四個穿法院制服的留下，守住大門不讓進出，對章榮初家人說，你們每人可以打一個小包衣服離開，下午三點要查封，家人惶恐萬分。

章榮初到了檢察署，原來是中統駐滬辦事處告他兩條罪：一是與日本人合作開廠，二是有汽車特別派司（日軍通行證），就是前面已經解決的「敵產案」「漢奸案」舊事重提。

章榮初答辯說，合作是強迫的，特別派司是出錢買來的。檢察官宣佈交一千萬元保釋（因抗戰時貶值，當

中統起訴書
（現存上海檔案館）

時的一千萬元價值很低），原告方站起來反對，檢察官不睬他們就退庭了。

為什麼風聲大雨點小，怎麼回事呢？這時章榮初家裡住着一個房客，杜月笙的關門弟子吳紹璘，他四十年代初在德國柏林工學院留學時，和在德國裝甲軍校留學的蔣緯國諳熟，1943年回到重慶後拜杜月笙為師，1946年回到上海，杜叫章榮初去對他說：「吳先生剛到上海，你家房子大借他一間先住下。」

吳紹璘一家這一住就住到1949年2月離開赴香港，他的獨子吳光正後來是包玉剛的二婿，現為九龍倉集團董事長，全國政協常務委員，這是後話。

當時吳紹璘見章榮初被帶走，立即去見杜月笙，杜打電話給檢察長，檢察長居然不知道，一查是中統有人預謀把章榮初抓走，他們馬上查封財產沒收私分。

章榮初保釋出來，當然又是銀子鋪路，杜月笙的關係網是章榮初近水樓臺的幫手。上海名律師、杜月笙和恆社的法律顧問秦聯奎，為他作法律辯護。

榮豐紗廠副經理趙譜芝，是國民黨中央組織部長陳立夫的表弟，特地去南京見陳說項。

杜月笙的得力助手楊管北，章榮初給他二十根條子，上下打點，釜底抽薪。

章榮初在紹興路家中多次設宴請陳果夫、戴笠及軍統上海站站長余萬選少將等。這樣到了11月，法院來了一張不起訴判

決書，章榮初的「經濟漢奸」罪終於洗脫。

《申報》1946 年 12 月 1 日訊：「榮豐紗廠主章榮初，被控漢奸嫌疑，以罪證不足，不予起訴。」

事情過去後，杜月笙要章榮初寫了被日本憲兵三次抓捕的經過，呈交南京政府，1946 年底，章榮初獲得一枚國民政府頒發的「抗戰蒙難勛章」。不久總統府總務局中將局長陳希曾來看章榮初，送來一張蔣介石親筆簽名的照片。

《申報》報導

陳希曾也是湖州人，其祖父陳延隅，和陳果夫、立夫的祖父陳延佑是親兄弟。章榮初的二房夫人和陳家有點沾親帶故，

抗戰時陳希曾家境拮据，曾得到章榮初資助。

日本人時候，章榮初受盡欺壓，日本人被打跑了，又三番五次被敲詐，章榮初心灰意冷。

—·—

三　建設家鄉　回饋鄉梓

抗戰剛勝利，章榮初就受到連番敲詐，潘公展對章榮初說，看來上海越來越難了，你不如化財消災，求個平安吧。

戰後的上海，和以前大不同，租界時期上海不受中央管，時勢造英雄，杜月笙左右逢源，如今全國一統，老蔣決不允許第二人和他一樣氣使頤指。國民黨回歸各地，派系勢力紛起，山頭林立，明搶暗盜，五子登科。章榮初花了巨大精力財力才擺平事態，連潘公展也感覺今非昔比，潘氏一句「化財消災」令章榮初感嘆是時候散財了。

章榮初一面官司纏身，焦頭爛額，另一面抗戰勝利令上海最大的外資日本資本退出，民族工商業磅礡興旺，章榮初企業的生意蒸蒸日上，財源滾滾，他手中有超過一百萬美元的自由資金，這在當年是一筆巨大財富。

章榮初認真思考了擺在他面前的三條路：（一）吃喝納福，那時章榮初才 45 歲，這完全不符合他的性格。（二）在上海再開一家規模更大的廠，但避不開風險、敲詐。（三）全家移居美國，但人地生疏，恐怕很難適應，不過他還是匯了三十五萬美元去美國，準備先開一家小廠試試。

正在左思右想拿不定主意的時候，菱湖來了一個人，《菱湖日報》發行人沈開成到上海見章榮初，對他陳說抗戰時期，日軍掃蕩三進三出，街道已被燒成一片焦土，桑田魚塘全部被毀，家鄉父老苦不堪言，農民尤其艱難，沈開成帶來一份由「國魂社」【註7】制定的復興計劃書，懇切要求章榮初幫助恢復菱湖經濟，「救救菱湖人」。

章榮初在回憶錄中寫出他當時的心情：

> 聽了沈開成他們這樣講，觸動了我的思想，我想，我在驚濤駭浪、大起大落中混了三十年，追求的只是一個錢字，以為有了錢就可以讓自己晚年享受，以為有了錢就可以讓子孫世世代代享福，但是在這三十年之中，我也看到了不少人因為有了錢，反而身敗名裂，有了錢反而使兒女游手好閒，腐化墮落，這就是被錢害了。
>
> 想到我在十九歲那年利泰祥棉布號老老闆常常對我說的「積財於子孫不如積德於子孫」，越想越有道理。要錢是沒有底的，我現在的錢供自己晚年享受已足足有餘，交給兒女們也夠他們用一世了，錢太多反而害了他們。
>
> 古人說「富貴不還鄉猶如錦衣夜行」，如果我拿錢出來建設家鄉，它的意義遠比消極的救濟好得多。南通張季直【註8】就是在家鄉辦實業和教育，名揚

宇內。建設家鄉，讓農民富裕起來，也為自己子孫積德，這是值得做的。人的一生固然要注意聚財，也要不吝散財。聚財是為了事業，散財是為了濟貧。聚財是發家，散財是積德。積財於子孫，不如積德於子孫。

我把前面想的「去美國」、「再辦工業」、「在家納福」三件事和「建設家鄉」一比，更覺得回菱湖進行鄉鎮建設，是最好的出路，也更附和我的個性，於是就下定決心到回菱湖去做建設了。

章榮初是個家鄉觀念、故土情感十分深厚的人，他去見兩位最密切的菱湖同鄉，上海市參議長、國民黨中央執行委員潘公展，和湖州同鄉會會長、國民黨中央委員唐伯耆，陳說家鄉慘況，大家歎息之餘，決定一起為江東父老做些事情。

章榮初和潘公展聯名邀請一百五十七名旅滬菱湖同鄉，在上海貴州路湖社舉行懇談會，籌組「菱湖建設協會」。

1946 年 1 月，章榮初返回菱湖，自「八一三」戰火中他攜全家遷居上海後，已八年未返家鄉，章榮初歸心似箭。此後直到 1948 年下半年，章榮初大多數時間在菱湖。他胼手胝足事必躬親，聘請當時最好的蠶絲專家鄭辟疆、葛敬中、費達生等，引進新種徹底改良了菱湖幾百年的土蠶土絲，辦起五千多畝土地的三個種植農場，培養新種桑樹，建造了當時中國最大最先進的菱湖繅絲廠，在當地一般簡稱菱湖絲廠。

章榮初在家鄉的投資，沒有確實的數字，當時資金由他的長子章志鴻掌管，他在回憶錄中說，1947年6月他赴美留學前，經手投入菱湖的資金已超過200萬美元（當時兌換率1美元為5000法幣），最大一筆投入是他離開之後，1948年的菱湖繅絲廠。章榮初在上海最大的企業榮豐紗廠，1947年市值100億，同年菱湖繅絲廠市值200億。

章榮初「菱湖建設計劃」還完成了對菱湖淡水漁業的改良，2017年聯合國糧農組織（FAO）正式認定「浙江湖州桑基魚塘系統」為「全球重要農業文化遺產」（GIAHS）。2019年中國漁業協會授予菱湖鎮為「中國淡水漁都」、「中國生態養魚第一鎮」稱號。

在工業之外，章榮初1933年創辦的青樹學校在1946年重建，成為浙江最先進的中小學（至今仍是浙江重點中學），他還辦了菱湖第一個醫院，第一個發電廠，第一個消防隊，架設了第一條電話線等等。

章榮初為自己的千萬資產，找到了最符合他人生理想的方向，悉數用於故鄉的經濟復興，回饋社稷，積善積德。章榮初在攀登他畢生事業巔峰的路上，只有付出，沒有得益；在這個峰頂，他為故鄉建立的工業、教育和福利事業，至今仍在造福家鄉。對1945至1949年所做的一切，直到他貧病交加的晚年，也沒有絲毫後悔，他相信「積善積德」的恆久力量，堅信自己作出了最好的選擇。

本文原載
《尋夢菱湖》上海文藝出版社 2020 年

【註 1】查濟民（1914-2007），浙江海寧人。1931 年畢業於浙江省立高等工業學校，在常州大成紡織公司任主管。抗戰時在重慶開設大明紗廠，抗戰勝利後，以「接收大員」身份回上海。1949 年全家移居香港，創辦中國染廠和興業國際集團，開發愉景灣，1992 年起任全國政協委員。

【註 2】日本侵佔中國華北後，近衛內閣 1938 年 9 月成立「興亞院」，作為日本侵略者管治佔領區的總機關，直屬日本內閣，推行「大東亞共榮圈」。「興亞院」沒收淪陷區華人大企業，合併中小企業，將資源集中供應侵華日軍。

【註 3】日資裕豐紗廠，僅次於內外棉紡織集團的日本紡織企業，1914 由三井洋行建立，該廠主要產品「龍頭細布」。抗戰勝利後被中國政府沒收，「解放」後改為上海國棉 17 廠，文革中出過一個造反司令王洪文。現在廠房建築被保護，改為「上海國際時尚中心」。

【註 4】章鴻釗（1877-1951），中國地質學一代宗師，1899 年中秀才，1905 年官費留學日本東京帝國大學地質系。1911 年回國後任教北京大學地質系，1922 年被推為中國地質學會首屆會長。

【註 5】翁文灝（1889-1971），浙江鄞縣人，中國著名地質學家，比利時魯汶大學地質學博士，玉門油田發現者。1945 年當選國民黨中央委員，行政院副院長兼資源委員會委員長。

【註 6】潘序倫（1893-1985），江蘇宜興人，1921 年畢業於聖約翰大學後留美，獲哈佛大學 MBA 和哥倫比亞大學經濟學博士。回國後任暨南大學商學院院長，創辦潘序倫會計師事務所和立信會計專科學校。文革中受迫害，文革後任上海會計師事務所董事長。

【註 7】國魂社，1938 年由一批熱血青年組成，社長楊文虎，副社長王冼，後成為中共外圍組織，楊王等骨幹分子均加入中共，王冼為中共菱湖支部書記。但該支部在戰爭期間與上級失聯，1950 年鎮反運動中，國魂社被定為反革命組織，1951 年王冼被處死刑，楊被判無期徒刑。1984 年國魂社和楊王等得平反，2018 年楊文虎在菱湖逝世，享年 108 歲。

【註 8】張謇（1853-1926），字季直，江蘇海門人，1894 年中狀元，一生創辦大生紗廠等二十多個企業，及師範學校、農業學校等百多所學校。

對得起故鄉，對得起自己
—— 章榮初為什麼投資家鄉

一 菱湖建設事業

1945 年抗戰勝利不久，章榮初就開始了他一生最重要的事業，致力家鄉建設。1948 年 6 月菱湖絲廠落成開工，他的「菱湖建設」第一階段基本完成。

章榮初在菱湖總共投入了多少資金？四十年代中國的金融狀況非常混亂，很難理出一個頭緒來。他在回憶錄中記敘，1945 年他手中持有自由資金超過一百萬美元，這是他啟動「菱湖建設」的第一筆資金。據王菊博士《近代上海棉紡業的最後輝煌（1945-1949）》（上海社會科學出版社 2004 年），榮豐紗廠在 1945-1948 年約增長了三倍。1947 年榮豐上市資產為 100 億法幣，1946 年菱湖絲廠成立時資本為 200 億法幣，「菱湖建設」的投入除了 100 萬美元啟動資本，主要來自榮豐紗廠的增值部分。

「解放」後不久，章榮初在菱湖的投資，青樹學校、青樹醫院、電燈電話廠等被政府接管，青樹農場、明明種植場等五千多畝土地無償贈予政府，菱湖絲廠、化學廠、石粉廠，1948 年落成時已處內戰劇烈的非常時期，開工不久就因缺乏原料而停產，菱湖建設投入的資金超過章榮初全部資產一半以上，卻完全沒有回報。

對此，一生精明的章榮初，自己怎樣看待呢？

「菱湖建設」的三年，他大多時間住在菱湖，這是章榮初一生心情最舒暢的日子，也是他事業最鼎盛的歲月，1948 年 6 月菱湖絲廠開工後章榮初回到上海。他在回憶錄中記錄了一個故事，後人在今天讀來，還是很有啟迪。

　　榮豐紗廠總經理韓志明來見他，和他進行了一場很有意思的對話。韓先生對他說，1945 年章榮初開始投入菱湖的同時，上海知名富商鄧仲和花一百萬美金買了匯中飯店，現在以三百五十萬美金賣給了美國人。

鄧仲和

　　鄧仲和（1904-1983）是章榮初的老朋友，經歷也和章榮初相似，1919 年鄧從家鄉江陰來到上海當學徒，1922 年開設大慶紗布號，1932 年創辦安樂棉毛紡織廠，1937 年開設中國第一家化纖廠安樂人造絲廠，並創立中國著名品牌「英雄牌」絨線，1946 年從英商沙遜公司手中買下匯中飯店和仙樂斯舞廳。

匯中飯店

　　外灘著名建築匯中飯店，即今和平飯店南樓，1908 年由原中央飯店翻造成六層高的大樓，是遠

東最早安裝電梯的建築。鄧仲和 1979 年移居香港，1983 年病逝。

韓志明對章榮初在菱湖花掉了二三百萬美金，覺得很可惜。

章榮初不同意韓先生的看法，他認為自己在家鄉的投資，意義遠遠超出老朋友鄧仲和的三百五十萬美金。他說：

> 我在菱湖用去的錢，今天是不是也值三百五十萬美金呢？
>
> 我想連一成三十五萬都不值，但是我把整個菱湖區的蠶種改良很圓滿地成功了，農民的總收入大大增加了，這恐怕不止值三百五十萬美金吧。
>
> 從另一方面想，倘若這些錢不用在菱湖，我也不會去買匯中飯店的，我這人閒不住，一定會去做投機，結果可能一敗塗地，或者在金圓券時化為烏有。現在我把錢用在了最好的地方，無論怎樣講，建設家鄉是我的心願。
>
> 三十年前的民國七年，我口袋裡只有兩個大洋，來到上海，白手起家，從無到有，如今在家鄉做了這麼多事業，不管它成功與否，我心裡安樂了，我對得起故鄉，對得起自己。

章榮初和鄧仲和的對比顯示了兩種價值觀，1947 年榮豐紗廠股值一百億元，菱湖單是絲廠就投入了二百億，為了桑蠶改造而設的農場五千多畝土地，整個菱湖的投資幾乎是榮豐的三倍，但沒有獲利，得益的是農民。

　　章榮初 1946-48 三年在菱湖的投資，是他一生事業的頂峰，也是他人格精神的顛峰。

　　「不管它成功與否，我心裡安樂了，我對得起故鄉，對得起自己。」章榮初這番話，是對自己的總結，也是他人格理想最好的寫照。

　　早在 1933 年，章榮初在創辦青樹學校時的演講《改進菱湖鄉村的設施和願望》中，道出自己的心願：

> 　　我想用我的全力，先把我的故鄉菱湖，在物質建設上，是要完成現代農村的設備，要達到農業生產的工業化。在分配上，要實現購買消費等等的合作制度，以逐漸改良經濟組織，使合於現代潮流。在精神建設上，要使農村造成勤勞奮勉的風氣，發揮端厚淳樸的美德，使農民能夠手腦並用，做一個健全的生產的國民。
>
> 　　我個人的服務志願，抱定運用自己的財力，來為社會謀幸福，決不願去轉以求人。根據我的經驗和觀察，求人是一樁最難的事，所以必須以我個人的財力和精神來做！

社會上擁有大資產者，為數實多，但是很多有一部份人抱着閉門自守主義，只要家庭觀念，絕無社會思想。……要曉得欲求自身幸福的獲得，須努力於社會的安寧，國家的強盛，換句話說，國際強盛之後，人民才能富足。人民的富足，要以全體做單位，不能少數人的畸形發展做依據，要使人人不致失業，個個都有安定生活。所以，我很希望資產階級，能夠深切憬悟，腦筋中要放上一個社會觀念，先把財產的小部份，來試做社會事業，來努力改造農村。

留錢與子孫，不如積德與子孫。利家利國，兩全其美，何樂而不為呢？又云：「子孫勝如我，要錢什麼用？子孫不如我，要錢什麼用？」古人這兩句，已經把不要為子孫作牛馬的哲理，說得再透徹無餘了。希望一切資產者都能自己醒悟，各人都來改造各人的鄉村，共同來努力社會事業，復興和繁榮農村。

章榮初在七八十年前說的這些話，今天聽來依然很貼切，所不同的是，今天國家已經初步達成了富強，社會也已經現代化了，如何完成社會民主文明和共同富裕，依然是我們的願景。

本文原載
《尋夢菱湖》上海文藝出版社 2020 年

海納百川尋夢路

百多年來，國強民富、社會安定、民主法治、安居樂業，一直是中國人夢寐以求的理想。

抗戰勝利之際，舉國歡慶，這個中國夢似乎正在來臨，國民黨眾望所歸，蔣介石如日中天。但是，幾年之間，南京政權猶如沙塔銷冰，頃刻瓦解，一代中國人親眼目睹了腐敗政權如何被歷史拋棄。

中華人民共和國的建立，是時代的選擇，中國人對這場歷史轉變記憶猶新，對當年企望國家強盛富足、社會民主平等、人民安居樂業的夢境刻骨銘心。

—·—

一

抗戰勝利，國民黨官僚接收竊收，彈冠相慶，貪污腐敗，五子登科。

1947 年元旦南京國民大會公佈《中華民國憲法》，蔣介石宣佈中國進入憲政時期。但僅僅四個月，這個剛剛煞有介事通過、墨跡未乾的所謂「憲法」就被《動員勘亂時期臨時條款》取代，蔣介石得到「緊急處分」的獨裁大權，中國夢又一次破滅，這個《動員勘亂條款》直到老蔣去世後的 1991 年才取消。

1948 年 8 月，國民黨提出金圓券方案，把全國資產囊括一

淨。老蔣下了破釜沈舟的決心，要整頓國民黨的貪官污吏，肅清腐敗，以求苟延殘喘，他派出「太子」蔣經國為經濟督導員到上海。蔣經國到任後，宣稱「只打老虎，不拍蒼蠅」，專拿大戶開刀。一舉逮捕了三千多名奸商，包括多個商界巨頭，如申新紗廠

小蔣坐鎮上海

總經理榮鴻元、永安紗廠副總經理郭棣活、「萬金油」胡文虎之子胡好、杜月笙的兒子杜維屏等。並當街槍斃了財政部秘書陶啟明等，一時雷厲風行，似乎確有根除貪腐的莫大決心。

9月12日，蔣經國在江灣體育場對五千群眾演講，高呼「打倒奸商投機客！」「掃除腐敗！」市民雀躍澎湃，上街遊行。小蔣威望，一時無兩，老蔣聞知，龍心大悅。

章榮初在回憶錄《我在舊社會的三十五年》中說：

> 1948年國民黨反動政府面臨崩潰前夕，垂死掙扎，苛徵重斂，搜刮民脂民膏，摧殘民族工商業，無所不用其極。這年八月十九日，宣佈「金圓券辦法」，強命收兑民間黃金、白銀和外幣，同時實行限價政策，規定任何廠家的生產品，均須按照限價出售，否則依法嚴懲，造成恐怖局面。命令宣佈後，採取「殺雞做猴」的手段，申新紗廠總經理榮鴻元、恆豐紗廠董事長吳錫林都被反動政府指責他們囤積

紗布而被捕，且有商人就在馬路上被槍斃，緊張氣氛滿城風雨。

沒多久，由於人民的痛恨厭惡，金圓券毫無信用價值，大幅度貶值，上午的錢到下午就不值錢了，發生搶購風潮，物價暴漲，金圓券一落千丈，人民財產受到無可估量的損失。

我的主要企業榮豐紗廠在這次風潮中損失折合黃金一萬五千兩，受到致命的打擊。到 1948 年下半年，我的全部企業都處在風雨飄搖岌岌可危，面臨總崩潰的危機，我憂心如焚，心想奔波了數十年，歷經滄桑，年已半百，還是逃不出反動派的魔掌。

但是，真正的考驗來了，9 月下旬在蔣經國召集的上海工商界會議上，杜月笙緩緩站起，緩緩說道：「敝人有個請求，也是今天到會各位的一致要求，請蔣先生派人到揚子公司查一查。揚子公司囤積之物，在上海首屈一指，遠超其他各家。希望蔣先生一視同仁，把揚子公司囤積的物資同樣予以查封，如此方使大家口服心服。」他言罷環顧四周，全場一片「是啊，是啊，杜先生說得是啊。」

揚子公司的後台是宋子文，總經理是孔祥熙的兒子、宋美齡最寵愛的孔令侃，杜月笙四兩撥千斤，一把火就燒到了蔣孔宋三大家族的後院。宋美齡向老蔣哭訴，清官難斷家務事，老蔣為人雖清，為官實昏。10 月 8 日蔣介石、宋美齡趕到上海，宋美齡對蔣經國、孔令侃說：「你們是手足，沒有理由互鬥。」

老蔣居然說出這樣的混帳話：「人人都有親戚，總不能叫親戚丟臉，誰也不可能真正鐵面無私。我看這個案子就算了吧。」孝子經國先生長歎一聲，只好放過揚子公司，孔令侃去了美國，從此一去不回。11 月 6 日蔣經國被迫去職。

　　蔣經國的親信、國防部青年軍總隊長賈亦斌【註 1】後來回憶，蔣經國事後對他說「我無法忠孝兩全。」賈失望至極，給蔣寫了一封十四頁長信：「我原本認為國民黨已經沒有希望，但仍寄希望在君身上，但此事點醒我，君也是只拍蒼蠅，不打老虎。」賈亦斌離開上海，1949 年 4 月在嘉興率部起義。幾十年後，蔣經國在台灣當領導人時的秘書宋楚瑜說：「經國先生一直記得上海打老虎的經驗，那是他一生難忘的痛苦教訓。他經常強調，改革要兩面作戰，比革命難得多。」

　　1949 年 4 月賈亦斌在嘉興起義，得到章榮初的資助，1958年賈亦斌推薦章榮初加入民主黨派「民革」，1960 年章榮初獲選浙江省政協委員。

1992 年兩岸會談，左二起蘇志誠、楊斯德、賈亦斌、南懷瑾

文革後賈亦斌任全國政協常委、民革中央副主席，1991年初到香港拜會蔣經國的老師南懷瑾，開啟了由大陸國台辦前主任楊斯德、台灣總統府秘書蘇志誠為代表的海峽兩岸談判，最終達成「九二共識」。

—·—

二

章榮初1948年11月離開上海去香港，除上述社會經濟原因，還有幾則更富故事性。

1948年初，陳其美的太太姚文英九十大壽，陳其美（1878-1916）是國民黨元老先烈，蔣介石投身國民革命的領路人，陳其美被暗殺後，蔣介石報恩陳家，特別恩待陳其美的兩個侄子陳果夫、陳立夫。陳家和章榮初是同鄉，陳果夫、立夫的父親陳其業（1870-1961）、叔父陳其采（1879-1954），都是章榮初在家鄉浙江菱湖所辦的青樹學校校董。因此姚文英做壽，章榮初的二夫人帶年方二八的女兒志琪去南京祝壽，住在總統府內

陳其美

姚文英

陳果夫

的陳宅，這是兩幢相同比鄰的花園洋樓，陳果夫、立夫兄弟各一幢。

陳果夫娶湖州富商朱五樓之女朱明為妻，無子嗣，而陳立夫有四個子女，因而將長子陳澤安【註2】過繼給兄長。

章志琪是章榮初六個女兒中最貌美乖巧的，深得父母疼愛，其時正如花似玉年華，亭亭玉立青春。祝壽宴上，陳果夫、陳澤安父子看呆了，陳澤安慇懃陪同在南京遊覽了數天，章志琪母女感覺異常，速速告辭回上海。1948年10月，章榮初的「先生」杜月笙叫章榮初去，代陳家向章榮初說媒，欲迎章志琪為媳。

章榮初在上海經商，和國民黨諸多官員尤其湖州籍高官如國民黨中執委潘公展、陳氏家族、以及國民黨組織部長吳開先等，往還密切，但他內心極度厭惡官場的貪污腐敗、官官相護，他對女兒說：「這些做官的都是傷陰節的，我絕對不和他們攀親。」

浦熙修

但是，面對杜月笙的介入，他深感為難，一面推說女兒尚幼，不宜談婚論嫁，一面盤算如何擺脫這個困局。

這年秋天一個以前認識的記者來看我，我知道她是個進步人士，就是後來被打成右派的《文匯報》那個姓浦的女記者。她問我對時局怎麼看，我說我不懂政治，聽說共產黨來了，要共產共妻。

她對我講，共產共妻是國民黨反動派造謠，共產黨來了不會殺資本家，工廠還是可以開。我說是真的嗎？她說不過先要搞民主改革。我問她什麼叫民主改革，她說現在還不清楚，到時會怎麼樣對待資本家還不知道。她說，你可以先離開上海避一避，看看情況，穩定了再回來。她這麼一說，我決心更堅定了。

這個著名的親共記者，就是《文匯報》記者浦熙修。

浦熙修（1910-1970），嘉定人，著名左翼記者。奉周恩來命「為共產宣傳，挖國民黨牆腳」，因堅定反蔣、言辭犀利被譽為新聞界「四大名旦」之一。1949 年後任《文匯報》副總編兼駐京辦主任。被打成新聞界最大右派份子，文革中更飽受煎熬，1970 年 4 月 23 日在北京醫院走廊裡孤獨咽氣。

在對國民黨統治的徹底失望和國民黨官僚的雙重壓力下，章榮初在 1948 年 11 月 9 日，帶了四太太和女兒章志琪，出走香港。

—・—

三

章榮初離開之時，作了長遠打算，他把價值超過二十萬美金的一萬六千件棉紗，和100擔廠絲（6000公斤）先運到廣州，以便隨時運到香港或國外，另外在美國留學的長子章志鴻手中還有30萬美元，章榮初打算先到香港落腳，同時要章志鴻積極準備，在美國先開一個小廠作探路，站穩後把上海五萬紗錠的榮豐紗廠搬遷到大洋彼岸，然後全家移居美利堅，和苦難的祖國說拜拜了。

但他是一個祖先家鄉觀念非常濃厚的傳統商人，真要遠走高飛，他內心極其痛苦，要把自己三十五年在上海白手起家創立的事業連根拔起，他心如刀割；要和自己血濃於水的故里親人分離，他割捨不下。在 1948 年 11、12 月兩個月間，他來回香港廣州多次，猶豫再三，下不了決心。

就在章榮初決定動身去美國時，12 月 18 日章榮初在廣州接到上海一個朋友李乙尊的來信，告訴他，正在香港的李濟深要見他。

李濟深，這個扭轉章榮初下半生命運的關鍵人物，他和章榮初相識相交的故事要從幾年前講起。

李濟深

1945 年秋天，章榮初的三女章志琪患病住在靜安寺附近的德濟醫院，章榮初去接女兒出院，在結帳時，見一老者帶個女孩也在結帳。老者看着

帳單，十分尷尬。章榮初見狀問他是否有困難，老者說慚愧付不出錢。章榮初就慷慨解囊為他付清了，此人十分感激，自報姓名李乙尊，女兒叫李世濟【註3】（後成為京劇藝術大師程硯秋傳人）。

次日李乙尊攜女兒來章家拜謝，章榮初才得知，他是李濟深在上海的代表，此後他幾乎天天來，和章榮初談的都是政治話題。章榮初從他口中知道了很多當時國民黨內部的鬥爭狀況，以及共產黨的主張。章榮初在貝當路（今衡山路）華盛頓公寓為李乙尊頂下一套住房，每月給他一筆生活費，後來還聘他為自己企業榮豐紗廠的董事。

李濟深是國民黨元老，蔣介石任黃埔軍校校長時，李濟深是副校長，蔣介石任北伐軍總司令，李濟深是總參謀長。此後蔣李分道揚鑣，李濟深曾被老蔣兩次開除出黨，1946年7月李濟深和蔣介石在廬山會晤，李拒絕蔣給予的高官厚祿，勸蔣停止內戰，聯合中共，實行政協決議，會談不歡而散，蔣李再度決裂。

李乙尊來問章榮初可否讓李濟深來避一避，章榮初安排李濟深住在上海紹興路54號家中。一日紹興路章宅突然來了一個貴客，竟然是國母孫夫人，章榮初大驚失神，原來宋慶齡是專程來看李濟深的，那時老蔣要捉李的風聲很緊，他已不能外出。

幾天後，李乙尊對章榮初講：「任公要去香港，需要金錢上幫助，大班是否可以幫忙？」章榮初問李要多少，他伸出一

雙手，章榮初馬上叫來帳房范菊生，拿來十根金條，晚飯前，李濟深下樓向章榮初道謝，說：「您這是為中國革命出力，為未來的民主新中國出力，功莫大焉。」

過了幾天，1947 年 3 月 9 日，章榮初用自己的汽車，由李乙尊送李濟深到荷蘭輪船公司的輪船舷梯旁，李登船去了香港，當時上海往來香港無須護照證件。

李濟深到香港即在報紙上發表《對時局的意見》，號召國民黨內「對國家負有責任感的人，勇敢地站出來改正黨內反動派的錯誤政策。」老蔣暴怒，國民黨中央將李濟深第三次「永遠開除黨籍」，「全國通緝」。

1948 年元旦，李濟深聯合馮玉祥、陳銘樞、劉文輝、龍雲、蔣光鼐等國民黨內的民主左派，在香港成立中國國民黨革命委員會，宋慶齡為名譽主席，李濟深為主席，廖仲凱夫人何香凝為副主席，朱學範為組織部長，正式舉起反對蔣介石獨裁統治的旗幟，主張聯合中共實現和平民

民革成立大會，中為李濟深、何香凝

主，通電擁護中國共產黨提出的「各民主黨派人民團體和社會賢達，迅速召開政治協商會議，實現召集人民代表大會，成立民主聯合政府」的「五一」號召。

李濟深成為海內外響應中共統一戰線的民主力量的中心，在周恩來親自擬定的民主人士名單中，李濟深居第一位。

一·一

四

1948 年 12 月 23 日一早，章榮初如約去香港羅便臣道 91 號三樓李濟深家。上樓時恰見一人下來，一看是相識的，當年汪偽政權兩大文膽之一、名記者金雄白（另一文膽是張愛玲心儀的胡蘭成），金雄白也是杜月笙恆社會員，兩人在樓梯寒暄幾句。

金雄白

金雄白（1904-1985）上海青浦人，曾任南京《中央日報》採訪主任，抗戰時投敵，與周佛海、李士群等同為汪偽「十人組」一員，勝利後入獄，他此次來香港前不久剛獲釋，五十年代在香港《春秋》雜誌連載《汪政權的開場與收場》，是有關抗戰歷史的重要著作。後移居日本，死在東京。

袁良

章榮初上了樓，李濟深問：「金先生你認識？」

章說：「敵偽時期在錢大樅家一面之交。」

李說：「他來勸我不要反對蔣介石。」章榮初坐下，見茶几上有封信，署名袁良【註 4】。

李說：「袁良託他帶來這封信也是勸我不要輕信共產黨。」

袁良是章榮初老朋友，章說：「文卿（袁良字）身體很差，他怕舟車勞頓反而死得快，決定留在上海。他說就是給共產黨殺了，反正本來也活不長了。」

李濟深仰天哈哈大笑：「怎麼你也相信這些謠言？」

章榮初說：「上海人心惶惶，亂得不得了，各種消息、謠言滿天飛，有些說得很可怕，共產黨來了，資本家都要捉起來殺頭。」

李濟深提高聲音說：「榮初，那都是反動派製造的謠言，你怎麼也相信他們呢？」

章榮初的回憶錄《我在舊社會的三十五年》有細緻描寫：

> 我去看李濟深先生，我說：「上海人心惶惶，亂得不得了，各種消息、謠言滿天飛，有些說得很可怕，共產黨來了，資本家都要捉起來殺頭。」
>
> 還沒坐下來，他就提高聲音說：「榮初，那都是反動派製造的謠言，你怎麼也相信他們呢？」
>
> 我問李濟深先生什麼叫反動派，他說：「蔣介

石政府就是反動派，國民黨就是反動派，蔣介石是禍國殃民的反動頭子，共產黨毛主席是挽救中國的大救星。你不要聽信反動派的謠言，你快快回去，回到上海，把工廠保護好，不要被反動派破壞。同時你還要力勸你的朋友，叫他們相信共產黨，不要聽信反動派的謠言，要安安心心等待解放。」

我說：「我也認為共妻是不會的，但共產是必然的。他們把我全部財產充公，我也沒有辦法，我搬也搬不動，拿也拿不走，我最怕的是要殺頭，聽人講共產黨來了要把資本家都殺掉。」他老人家笑嘻嘻地對我說：「你受反動派的毒素真是太深了，共產黨是搞新民主主義革命的，非但不會殺頭、不會共妻，你的財產也不會充公，資本家辦的廠，有利國計民生，共產黨是鼓勵發展的。」

他站起來，在書桌上拿了一本書翻給我看，指給我看裡面有這樣一段：「發展生產，繁榮經濟，公私兼顧，勞資兩利。」我呆呆地看着這十六個字，心裡想，難道這十六個字真是共產黨講的嗎？

李濟深看我呆着的時候，他接下來對我說：「我與你這多年的交情，難道你還不相信我嗎？難道我會叫你回去殺頭嗎？你不要三心兩意，快快回去吧！」

他又到裡面房間拿了幾本書出來說：「我送你幾本書，你帶回去看看，這是毛主席親自寫的，還會是

假的嗎？」這是毛主席的《論聯合政府》和《新民主主義論》。

當天下午，李濟深先生又到我住的山光飯店來看我，請我吃夜飯。吃飯時，李濟深再次勸我回去，他很堅決地對我說：「你放棄在上海的那麼多財產，到香港來做白華，是犯不着的。」

他看我還有點疑惑，又強調說：「共產黨的政策，我是知道的，毛主席的為人，我是明白的。我叫你回去，是為你好，為你的前途，我從來不捉弄人，你今天一定要答允我，馬上就回去，那我就放心了。」

他說了很多蔣介石的不是，和國民黨內部的醜惡，都是我以前聞所未聞的，國民黨實在是太腐敗了，徹底的滅亡已經無可避免，而共產黨領導的新中國，將實行聯合政府，不是共產黨一家說了算。李濟深這時已經得到毛澤東的邀請，還有黃炎培、章士釗等都會參加新中國的人民民主政府，聽到黃炎培、章士釗這些我熟悉的人士的名字，我就更加安心了【註5】。

李濟深說：「我對毛澤東是了解的，他寫的書《新民主主義論》《論聯合政府》，都說得很清楚，共產黨要實行民主政治，發展經濟，尤其是民族工業。這正是你的大好機會，你快快回去吧，好日子還在後面呢。」

> 他接着説：「你是我在工商界唯一的朋友，難道我會騙你嗎？不要三心兩意，快快回去，我都是為你好。」最後我説：「我明後天再到你府上來談談。」
>
> 他大聲説：「我明後天可能要出門，你不必再到我家裡來了。」
>
> 我見他那麼堅決，就向他表示一定早點回去，他聽我答允回去，就舉杯向我祝賀：「你今天答允我回去，好極，好極，我們將來在新中國再見面吧！」
>
> 當時我沒懂得他的意思，這次與李濟深談話後的下一兩天，我又到他家裡去，李太太雙清秀對我説，李先生已經離開香港到北方去了，我這才知道他這麼急要我馬上答允回上海，是因為他要離開香港了。

1948 年聖誕前夜，章榮初和李濟深在香港告別，各自踏上追夢之路。

— · —

五

「發展生產，繁榮經濟，公私兼顧，勞資兩利」這十六字源自 1948 年 4 月 30 日中共提出的「五一口號」中的第八條：「堅定不移地貫徹發展生產、繁榮經濟、公私兼顧、勞資兩利的工運政策和工業政策。」

二十三條「五一口號」說出了全國人民久旱盼甘露的願望，說出了中國各階層追尋社會長治久安、繁榮發展的理想，所以

一公佈就獲得全國一致歡迎，得到各民主黨派和人士的熱烈擁護。

為了實現這個夢想，為了政協的勝利召開，中共精心安排在香港的三百五十名民主人士，分批秘密前往東北，當時國民黨特務雲集香港，要安排眾多民主人士秘密離境實屬不易。民建創辦人黃炎培、章乃器，香港《星島日報》總編輯金仲華、《華商報》總經理薩空了、音樂家馬思聰、劇作家歐陽予倩、孫起孟、馬敍倫、邵荃麟，第一批離開香港。柳亞子夫婦、葉聖陶夫婦、陳叔通、馬寅初、包達三、鄭振鐸、曹禺、王芸生、徐鑄成等廿七人，由金城銀行經理周作民出資五十萬港幣租用「華中號」貨輪，悄然駛出香港。此後，郭沫若、沈鈞儒、翦伯贊、許廣平、連貫等，先後前往東北解放區。

李濟深被安排在最後一批，他和章榮初分手第二天，1948年12月24日下午，李濟深和章乃器、朱蘊山、沈雁冰、田漢、洪深等人獲邀請登上停泊在維多利亞港的蘇聯貨船「阿爾丹號」，參加聖誕舞會，這艘船是周恩來和大連蘇聯領事館精心安排來香港的。在飄揚的華爾滋舞曲聲中，「阿爾丹號」緩緩起錨，施施然開出鯉魚門，進入公海，一聲長笛，調頭北上，直赴大連。

等港英當局發現李濟深等潛逃出境，已是25日早晨，李濟深和他的同志們已在東海洋面。望着一輪噴薄而出的紅日，他激動地為沈雁冰寫下：「同舟共濟，一心一意，為了一件大事！一件為着參與共同建立一個獨立、民主、和平、統一、康

樂的新中國的大事！同舟共濟，前進！前進！努力！努力！」

1949 年 1 月 7 日「阿爾丹號」抵達蘇軍佔領的旅順軍港，受到中共代表高崗的歡迎。2 月 25 日李濟深民主人士到達北平。

章榮初把放在廣州香港的資產調回上海，在 1949 年 1 月 28 日大年夜回到上海，等待「解放」。5 月下旬，上海戰役打響，章榮初回憶錄寫道：

> 1949 年 5 月 24 日夜裡，我在蒲石路（現長樂路）一個做西藥生意姓朱的朋友家裡打牌，還有振大昌棉紗號周家聲，這一夜槍炮聲不絕，我們打牌也打了一夜。天亮從蒲石路回家，汽車沿途看見馬路兩邊行人道上坐滿了解放軍，在那裡休息，對居民秋毫無犯，原來負隅頑抗的蔣匪軍已經被全部殲滅了。
>
> 上海解放了，冒險家樂園的時代結束了，上海回到了勞動人民手裡！我第一次見到這樣嚴明紀律的軍隊，反動派的謠言，不攻自破，我心裡的石頭放下了。但是，日後的生活會怎麼樣，真能按照十六字方針做嗎？當時我心裡還是籠罩了一層憂鬱的陰影。

海納百川，1949 年 9 月 21-30 日，第一屆政協會議在北平舉行，662 名民主人士和特邀代表參加會議，中共中央主席毛澤東致開幕詞，會議一致通過了《共同綱領》，李濟深當選為

第一屆中央人民政府副主席、政協副主席。

毛澤東和李濟深在開過大典

中國人等了百年的強國夢又一次敲響中國的大門，可惜此後的幾十年，經歷了多少風雲變幻，內耗折騰，大多數民主人士都在惋惜中離去，章榮初也在 1972 年黯然逝世。但他們當時的探索和追求，始終留在人間，六十五年過去了，夢沒有過去，希望沒有過去。中國人百年追尋的夢，繼續激勵我們向前。

本文原載

《檔案春秋》上海市檔案館 2014 年第 8 期
《作家文摘》北京作協 2014 年 11 月 7 日轉載

【註 1】賈亦斌（1912-2012），畢業於陸軍大學，文革後任政協常委、民革中央副主席。

【註 2】陳澤安在台灣大學農學系畢業後留學普林斯頓，現為美國著名植物病理學家。在他奔走下，1999 年陳其業、陳其采、姚文英、陳果夫等陳氏先人遺骨在家鄉湖州落葉歸根。

【註 3】李世濟（1933-2016），廣東梅縣，京劇「四大名旦」之一青衣程硯秋流派傳人。全國政協常委，中國文聯副主席。

【註 4】袁良（1882-1952），杭州人，畢業於日本早稻田大學，回國後歷任外交部次長，上海市政府秘書長、北平市長，1948 任蔣經國副手，1952 年病逝於滬。

【註 5】杜月笙的名譽秘書有四位，章士釗、楊度、黃炎培和陳群，1933 年章榮初由黃炎培推薦給杜月笙，成為恆社常務理事。章榮初與章士釗、黃炎培關係密切。

「大班」和「老闆」

現在私營企業家被統稱「老闆」，但在上世紀三四十年代，老闆這個稱呼不一定指經濟能力，如黃金榮在青幫內稱「黃老闆」，梅蘭芳稱「梅老闆」，但杜月笙要人家稱他「杜先生」，可見「老闆」之稱較俗。

在我記憶中，當時上海人口中的「老闆」，多指弄堂口老虎灶、煙紙店的主人，或過街樓下的老裁縫，他們既是店鋪的擁有者，也是最主要的店員，可能有一兩個學徒。中型企業的主人，自己就是管理者或技術員，則稱「經理」或「廠長」，與工人有職務上的區別。

大企業的投資者，不直接管理工廠，章榮初 1940 年後，榮豐紗廠交由總經理韓志明管理，他不插手業務。當時章榮初在紹興路 54 號的家，有很大的兩個客廳，每天來客有幾十個各種人員如銀行、錢莊經理、棉紗、股票經紀，還有政客、社會人士，每天三餐要開幾圓桌。高級的在樓上客廳陪章榮初下棋抽鴉片，談金融、棉紗行情，另一些人在樓下大客廳打牌談天，隨時等候召喚吩咐。他們對章榮初的稱呼是「大班」，從來不叫「老闆」的。

1948 年筆者進幼兒園，問祖父：「爺爺，我是小班，你是大班。」祖父說：「是啊，我比你高兩班。」

這種狀況直到 1957 年公私合營，章榮初把股份分給一些

跟了他幾十年的手下和朋友（如上海市政府參事李乙尊），讓他們可以領定息生活。

我一直以為「大班」是「大老闆」的簡稱，1981年我到了香港，才發現港人稱英資大公司老闆為「大班」，如「銀行大班」、「洋行大班」，稱老闆辦公室為「大班間」，老闆的大辦公桌為「大班檯」、「大班椅」。

香港人稱一般小店主為「事頭」，中型公司老闆為「波士」（BOSS），只有英資大集團老闆，才有資格稱「大班」，如「匯豐大班」、「怡和大班」。

原來「大班」來自英文 TAIPAN，是英國人對殖民地公司高層的稱謂。1922年英國小說家毛姆（Somerset Maugham）《大班》出版後，此詞進入牛津詞典。1984年有部描寫香港早期英國殖民者的電影，是陳沖在好萊塢拍的第一部電影，片名就叫「TAIPAN」，中文譯名「大班」。

當年上海租界，法國人帶來了貝當路的梧桐，霞飛路的咖啡館，英國人帶來了市場經濟的法則，銀行金融業的制度。早期英資企業是二十世紀初上海華人企業家學習模仿的榜樣，「大班」成為上海那個時代特有的名稱，隨着那個時代遠去，這個名稱也終於式微消失。

本文原載
《檔案春秋》上海市檔案館 2012 年第 12 期

筆者父母章志鴻、馬璧如的往事記敘

一張八十年前的結婚證

這是筆者父母章志鴻、馬璧如 1944 年 4 月的結婚證書。

筆者祖父章榮初 1918 年從浙江家鄉到上海當學徒，此後二十年在上海經商，家人則全部在家鄉菱湖，我父親出生在家鄉。

我母親出身銀行世家，1915 年外公馬久甫隨姐夫潘履園到天津創立浙江興業銀行天津分行，外公幾兄弟都在天津任職，母親出生在天津。外婆是中國第一所女子學校浙江省立女子師範第一屆畢業生，外公後來調任南京分行和杭州分行經理。

1937 年抗戰爆發，章榮初全家逃入上海租界，家父在上海讀中學，1940 年進入聖約翰大學。我外公全家也在同時由杭州逃到上海，家母就讀東吳大學商科。1942 年父母相識，1943 年

春，我祖父章榮初親自到浙江興業銀行，托浙興銀行董事長徐寄廎作媒，向同為浙興董事的馬久甫提親。

1944 年 4 月 8 日我父母的婚禮在上海麗都花園舉行，證婚人徐采丞，杜月笙留在上海的代表（當時杜為避日寇已離上海去重慶），儘管他們是自由戀愛，但當時習俗仍要有男女雙方介紹人，男方介紹人徐寄廎，浙江興業銀行董事長、上海商會會長、上海銀行公會會長；女方介紹人項叔翔，浙江興業銀行上海分行經理。徐采丞和徐寄廎兩位都是章榮初榮豐紗廠的常務董事。（掛名董事長是杜月笙）

筆者父母結婚照
（1944 年 4 月）

筆者周歲
（1946 年 1 月）

以章家當時的經濟及地位，婚禮完全可以極盡奢華，但儘管華麗隆重，卻只有茶點，不設酒席。此一是蔣介石提倡節儉新生活運動，二是杜月笙帶頭的風氣。

杜家總帳房黃國棟的回憶錄《杜門話舊》有如下記載：

杜月笙的子女都已長大，五個兒子及一個女兒的婚事都在麗都花園舉行，只設茶點招待，每次來賓千餘人，花費還是很大。

杜月笙六十壽辰，也在麗都花園舉行。杜要求節約，每席僅六個素冷盤和一大鍋光麵，飲料由可口可樂公司和中國啤酒廠奉送。那天除來賓六千餘人之外，來要飯的乞丐也有三千多。又在牛莊路中國大戲院義演三天，開支由杜負責，南北京劇名角全部盡義務，全部收入捐贈慈善機關。

（《杜門話舊》1969 年《上海文史資料選輯》第 54 輯）

麗都花園是當時上海著名的私人花園俱樂部，老闆高寶鑫是杜月笙的把兄弟，抗戰時，他的汽車司機吳四寶投敵成為汪偽特務機構極司非爾路「76 號」偵緝大隊長，敲詐高寶鑫並將其槍殺。麗都花園現為上海市政協所在地。

1942 年，錢塘江海寧大堤坍塌，海潮淹沒農田，我祖父出資修復，1944 年底新堤竣工，次年初我出生（農曆同一年），祖父為我取名「濟塘」，紀念此善舉。

當年祖父向外公提請時，按當時習俗和外公交換了父母的生辰八字，雙方回家請相士測算，看看是否匹配。結果一測母親的八字，竟然只有四十七歲陽壽，算命先生的話，聽過也就算了。祖父很開通，只要父親願意，他沒再說什麼。

1968 年，文化大命革如火如荼，10 月 16 日下午，父親在

單位突然接到造反派命令，回家取了簡單行李，和母親告別即時出發，不知去向，生死未卜。

　　第三天一早母親在窗前整理物品，心情悲涼，突感絕望，不如一死了之。當時我家居住南京路平安大樓五樓，正當她把一張凳子放在窗前準備跨出一步時，有人敲門，是鄰居周女士，說我父親來電。這時家裡電話已被拆除，我父親被押送到郊區一工廠的「牛棚」勞動改造，第三日他偷偷在公用電話致電鄰居家，父親說，任何時候我都不會尋短見，你等我回來。這一天，離母親四十八歲生日還有半個月，相士預言的生死一關就這樣跨了過去。

　　母親結婚時的陪嫁物中有一輛英國自行車和一架德國名牌「斯特勞斯」鋼琴，文革時鋼琴被造反派抄走，文革後才取回，當時這架鋼琴由著名作曲家陳鋼（小提琴協奏曲《梁祝》作曲

筆者父親赴美留學前攝（1947 年 6 月）

者之一）使用，陳鋼說，文革中他所有作品都是在這架鋼琴上寫出的。

父母婚禮上，母親的伴娘是她表妹張錫謹，她丈夫王光復，王光美的五哥，當年是國軍空軍英雄，武漢空戰時曾擊落九架日本飛機，1948 年去了台灣。王光復任台灣空軍作戰處少將處長多年，1985 年代退休後移居美國。

度盡劫波，柳暗花明，父母和他們在達拉斯重逢，已是相別六十三年之後的 2007 年。

筆者父母與王光復夫婦在美國達拉斯

本文原載
《老照片》山東畫報出版社第 78 輯 2011 年 8 月
《作家文摘》北京作協 2011 年 10 月 11 日轉載
《特別關注》湖北日報 2011 年第 12 期轉載
《小說月刊》天津作協 2012 年第 1 期轉載
《小小說月刊》河北文聯 2012 年 1 月轉載
《民間故事》吉林文聯 2012 年第 5 期轉載

紀念一位老伯

　　這位老伯，姓沈名昌瑞，江蘇吳縣（蘇州）人，1920 年生，畢業於上海光華大學和中央政治學校新聞學院，抗戰期間任軍政部長陳誠將軍的英文秘書。國共和談時，他為美國特使馬歇爾當翻譯，1946 年隨陳誠出任參謀總長到南京，47 年獲公派留學，在美國哥倫比亞大學政治研究所攻讀碩士，陳誠讓這個親信同時擔任中國駐美大使館少將武官。1948 年沈昌瑞考進聯合國秘書處當翻譯，直至 1981 年退休。2010 年 12 月 23 日，沈老伯病逝於紐約大學醫院，享壽九十。

　　沈老伯是我父親的執友，上一代風風雨雨半世紀，今日回首，內中的風波曲折，分分寸寸都和祖國的命運緊緊相連，絲絲入扣。

— · —

一　留美學生　青年氣盛

　　1947 年 6 月，我父母從上海到紐約，父親進哥倫比亞大學讀工商管理碩士，在華盛頓大橋附近租了一套公寓，搬進去時發現對門也住了三個上海人：沈昌瑞、葉維洪、袁孟晉，三人都單身，很快就相熟了。

　　沈昌瑞在國民黨軍界官場多年，讀的又是政治，中英文俱佳，他雖任中國駐美使館武官，但思想左傾，認為國民黨必敗，共產黨必勝，和時任國民黨外交部副部長的大哥沈昌煥政見對

立，竟不去華盛頓上班。

葉維洪是清末上海富商葉澄衷（1840-1899）的孫子，上世紀四十年代上海著名的葉家花園就是他家的莊園。葉在紐約布魯克林工學院讀電機工程，完全是大少爺派頭，生活瀟灑隨意，穿過的襪子往床底下一丟，要穿時再從床底下揀出一雙，揮一下灰，不管是自己的還是別人的，穿上算數。襯衫也是穿一件丟一件，都是在中國駐紐約新聞處工作的袁孟晉替他洗。

葉維洪燒得一手好菜，幾個中國留學生的晚飯都由他做，他口裡刁着一支雪茄，切菜切肉，蒸煮爆炒，在廚房幹得起勁。葉後來和上海英雄牌絨線廠老闆鄧仲和的女兒結婚，在美國一家大公司當副總裁。

哥倫比亞大學新聞系碩士生劉祖慰常來串門，他一到就和沈昌瑞高談闊論。當時正值國共內戰，非國民黨的自由記者劉祖慰力挺國民黨，而國民黨軍駐美武官沈昌瑞少將則支持共產黨，兩人雄才大略，口若懸河，各執一詞，辯論不休，次次鬥得面紅耳赤。沈昌瑞拍拍胸脯說：「老弟，我是貨真價實國民黨員，我不比你清楚？國民黨江湖日下，共產黨必勝！」

1948 年底，聯合國在國際事務中的作用日顯重要，秘書處對翻譯人才需求增大，公開招聘，沈昌瑞乾脆辭去了武官職務，考入聯合國當中英文翻譯，從此和國民黨一刀兩斷，沈昌煥、沈昌瑞兄弟倆分道揚鑣。

歷史真會作弄人，當年支持共產黨的沈昌瑞留在了美國，而支持國民黨的劉祖慰和袁孟晉在 1948 年回到中國，文革中

因莫須有的美國特務罪吃盡了苦頭。

— · —

二　新婚燕爾　夫妻橋牌

1948 年 12 月，沈昌瑞的未婚妻楊小燕來到紐約。

楊小燕，湖南人，1923 年出生在北京，父親楊開道，楊開慧的堂哥，當時是武漢大學校長。這幾個留學生，只有我父親有汽車，把她接回家來，就在我父母家地板上打地舖住了十多天，1949 年初沈昌瑞和楊小燕在紐約河邊教堂，由幾個朋友見證，舉行了極簡單的婚禮。新婚燕爾，沈昌瑞教妻子打橋牌。

後來楊小燕的名氣可比沈昌瑞大，她是八十年代著名的「橋牌皇后」，五次贏得橋牌世界冠軍，膺獲世界橋聯特級大師稱號，是迄今為止唯一獲此殊榮的華人。她在回憶錄中記敘：

> 我來到了遙遠而陌生的美國，進哥倫比亞大學醫學院學護理專業，讀書期間，與第一任丈夫沈昌瑞結婚了。沈昌瑞很有學問，喜歡打橋牌，但非常「大男子主義」，他嘲笑我說，女人天生不是打橋牌的料，腦子不夠理性。我很不服氣，決心半年內學會橋牌，結果我不但學會了橋牌，而且在紐約中國橋牌俱樂部比賽中獲得第一名。但沈昌瑞並沒把我帶上橋牌的路，1967 年我和沈昌瑞分手了。……

> 我第一次與鄧小平先生打牌是在 1981 年，那時我應邀到上海參加國際橋牌友好邀請賽，後來到北

京時，我斗膽提出與鄧先生打牌的請求，殊不知鄧先生欣然同意，當晚就和我對局。中國領導人打牌作風大膽，敢在牌弱時叫高牌，在輸牌時不氣餒，堅持把最後一張牌打完。我跟鄧小平先生一共打過四次牌，鄧先生思路清晰，牌風穩健，顯示出充沛的精力和過人的智慧，而且他牌品極好，和他打牌，你一點也不會覺得他是個有權力的人，只覺得他像父親一樣。休息時，我請鄧先生簽名，他在我本子上用圓珠筆簽了「鄧小平」三個字，十分漂亮，直到現在，我依然珍藏着這個簽名。

楊小燕在北京（1990）

（引自楊小燕《我的中國往事》文化藝術出版社 2010 年 10 月）

1981 年楊小燕第一次回國，告訴我父母，她 1967 年已和沈昌瑞離了婚，改嫁同樣是橋牌好手的紐約船王魏重慶（1914-1987）。魏重慶去世四年後，楊小燕再嫁猶太建築師、世界保守猶太教委員會主席桑德。

— · —

三　暮年回首　家國情懷

家父章志鴻，1924 年出生在家鄉浙江湖州，畢業於上海聖約翰大學，1947 年和家母一起赴美留學，1950 年獲 MBA 學位後回國，文革後任上海市機電一局副局長，上海市政協委員。1986 年由上海市府派駐香港任上海實業集團副董事長、總經理。

他退休後所撰的回憶錄《我在新中國的四十年》寫道：

> 沈昌瑞有豐富的歷史文學修養，和出色的英語通譯水準，我 1950 年回國後，天真地認為以他的才華，回國一定大有作為。當時我十分敬佩毛澤東的文章，《毛選》第一卷出版時，我一早去書店排了二個小時隊，買到兩本，一自留，一寄給沈昌瑞。1952 年 4 月我在香港和沈見面，勸他回國。我說：「周總理說，愛國不分先後，可以來去自由。」沈笑而不答。

> 八十年代我在擔任上實總經理時，幾次去紐約公幹，都去看望老友沈昌瑞，他多年前出車禍，死裡逃生，但脊椎重創，外出要用手杖，依然英姿豪爽。

> 我談起回國後至文革的生活，雖沒說因他這個國民黨朋友而長期被視作特嫌，沈是世故老練之人，不用細說，他也明白，說：「老兄受我連累了。」

父親 1992 年退休後移居洛杉磯，2008 年病逝於香港。

我在整理家父遺物時，從故紙堆中翻出一封寫於 1950 年的書信，正是沈昌瑞老伯手書：

> 吾信仰三民主義，景仰中山先生，深信三民主義乃救國救民之正確道路，堅信中華民族若無自信與尊嚴，其他則談不上、做不到。民族地位確立，就須解決民生問題，此一問題基本解決，就應實施民權主義。
>
> 西方民主政治只是實行「民權」的方式之一，並非放諸四海皆通。中國民權須以「民為貴，君為輕」之中華正統思想為實質，因中國文化歷史與西方國家迥然不同，生搬硬套自不能也。此思維即中華民國之正統政治理念，吾當努力推行之。
>
> 今大陸易幟，共黨素以民主自由解放為號召，余心服之久矣，然身陷政治歧途，未能返國親歷，深感遺憾。

五十年代初，內地要我父動員他回來，終因反右運動開始而中斷了聯繫，如果他真的回來了，能否活到今天就難說了。

沈昌瑞的大哥是被稱為國民黨「外交教父」的沈昌煥（1913-1998），美國密西根大學碩士，1945 年起任蔣介石英文秘書，外交部副部長，1960-66 年及 1972-78 年兩度出任台灣外交部長，蔣經國時期他依然深得器重，1978 年底轉任國家安全

會議秘書長，1984 年出任總統府秘書長。1988 年李登輝上台，沈與李意見不合而離開，掛名總統府資政。

沈昌煥與蔣家關係密切，是所謂「夫人派」，主導台灣外交系統三十年。2008 年沈昌煥逝世十週年時，沈昌瑞撰文紀念兄長，回憶到 1997 年兩兄弟最後一次見面時對兩岸統一的期許：

> 作者和沈昌煥是同父同母的親兄弟，手足情深，一生走來，除國家機密外，無話不談，無題不及。雖年近九十，卻自不量力、情不自禁拿起禿筆，試撰本文。

> 一九九七年七月，沈昌煥到紐約慶賀蔣夫人百歲壽誕。在此期間，他與作者長談多次，最後在機場送行時，他緊握作者的手，以堅強的語氣說：「三弟，我崇尚自由民主，但我更愛中國的歷史文化和正統的政治思維與制度，我深信一、二十年後，台灣與大陸一定統一，中國人的智慧一定會打造出一個中西合璧的民主政體和自由社會，我們自然看不見了，但這一天一定會來到，保重、保重，後會有期！」想不到這次機場擁別，竟成我們兄弟永別的情景。每念及此，不禁潸然淚下。

（美國華僑協會《僑協雜誌》第 112 期）

1959 年沈昌瑞（後排右三）回台灣和沈昌煥（後排右四）一家合影
前排右三楊小燕和三子女

　　2005 年 2 月沈昌瑞給家父信中說：「三年半前我病危入院，心臟肺腸胃都有病，真叫狼心狗肺，百病叢生，醫生說我應死了好幾次了，竟不知怎麼又活回來，我說我惡貫滿盈，仍得回來吃苦受累。我有不少親友都住在台灣和美國，現在都去上海養老，讚不絕口呢。」依然對人生世態風趣豁達，依然對故國故土夢牽魂繞。

　　我手捧這些書信和文章，前輩人的理想追求，半世紀的風雨交加，於今仍感覺到時代的脈搏，反思今日，展望未來，百感交集。

本文原載
《檔案春秋》上海市檔案館 2011 年第 12 期
《溫故》廣西師大出版社 2012 年 11 月
《作家文摘報》中國作協 2012 年 12 月 28 日轉載

所謂「將軍私人遊輪」

「毛主席教導我們，反動的東西不打不倒！只許你老老實實，不許你亂說亂動！你必需老實交代，那個美國將軍派你回來當潛伏特務，給了你什麼任務？」

專案組長義憤填膺，拍案而起。桌上放着一張照片，在當年中國，彩色照片是很少見的，何況這張照片還是1949年拍攝的。照片上一對華麗衣着的夫婦站在一位高大戎裝的外國

1949 年夏，加拿大魁北克議會大廈

人兩側，這個外國軍官一身鮮紅軍服馬褲馬靴，氣宇軒昂，站得筆直，階級鬥爭覺悟高超的專案人員斷定，這是一個軍階很高的美國將軍。其實他只是加拿大魁北克議會大廈門前一個警衛，紅色制服騎上高頭大馬的騎警，是加拿大一道風景線。

我父母1947年6月搭乘美國總統輪船公司（APL）的「戈登將軍號」赴美留學。父親章志鴻在紐約哥倫比亞大學讀了一年之後，轉到波士頓大學完成工商管理碩士。

新中國成立，1949年底，北美基督教中國學生會中西部地區分會主席朱光亞發出《給留美同學的一封公開信》，留美學

全體留學生在船上合影

生掀起一股回國熱潮。

1950 年 8 月 29 日我父母登上「威爾遜總統號」啟程回國，當時到上海的航線已停航，「威爾遜總統號」的終點是香港。這是中國留學生大舉回國的第二批，也是最大一批，包括錢學森、趙忠堯、鄧稼先、涂光熾、羅時鈞、沈善炯、鮑立奎等一百多位留美學者【註】。

即將啟程時，美國聯邦調查局特工突然上船搜查，把錢學森強行押下船。輪船中途停靠日本橫濱，美軍又上船押走了趙忠堯、羅時鈞和沈善炯。趙忠堯等被關進美軍監獄的消息披露後，引起美國科學界和國際輿論強烈關注。新生的新中國總理兼外長周恩來發表聲明，錢三強請他的老師、世界保衛和平委員會主席約里奧·居里出面，譴責美國的無理行徑。糾纏兩個多月，趙忠堯等才獲釋經香港返回中國，而錢學森直到 1955 年 10 月才回到祖國。

趙忠堯、鄧稼先等都是中國兩彈一星最主要的功臣，文革中也被指為美國特務，我父親竟和「美國將軍」合影，自然鐵證如山。

但請不要責怪造反派無知，我父親赴美時搭乘「戈登將軍號」，回國後被說成是乘的「戈登將軍」私人遊輪，可見

和這將軍關係密切，從此在他檔案中留下一條「美國特務嫌疑」的記錄。殊不知約翰・布朗・戈登將軍（John Brown Gordon）是美國南北戰爭時的南方聯邦將領，戰後任喬治亞州州長，生於 1832 年，死於 1904 年。

我一個姑母和一個舅舅，1949 年上海剛「解放」就參加了革命，遠赴北京和東北，但我父親這個記錄使兩個老革命始終無法入黨。直到文革之後，舅舅喜悅地告訴父親，他已被批准入黨，並得知父親的歷史問題已得解決。不久我父親由上海市政府派駐到香港的上海窗口公司上海實業集團任副董事長兼總經理，並被告知，過去的事情已經過去。

父親說：「我去美國時乘的是戈登將軍號，回國時乘的是威爾遜總統號，他們為什麼只懷疑我和戈登將軍有關，卻不懷疑我和威爾遜總統有關呢？」

百思不解。

本文原載
《老照片》山東畫報出版社第 82 輯 2012 年 4 月

【註】該批留學生共 128 人，除幾人留在香港，回到國內 121 人，其中 12 人後來成為中科院或工程院院士，全體留學生名單和途中留影現存北京政協文史資料委員會。

上海實業：對外開放的窗口

章志鴻 遺作
章濟塘 整理

中國改革開放已經走過了三十五年，輝煌成果令世界矚目，回顧我們怎樣從閉關鎖國走出來，怎樣從計劃經濟走過來，是值得回味、值得記取的。

下文摘自我父親章志鴻的回憶錄，記敘他八十年代初到香港主持上海實業有限公司的經歷。

我父親 1947 年春負笈美國，1950 年 9 月中斷了博士學業歸國，經歷了三反五反、公私合營、反右，到文革各次運動，文革後恢復職務，獲派到香港工作，直至 1992 年退休移居美國，2008 年在香港逝世。

上海實業公司是上海市政府窗口公司，其基礎是「解放」前上海資本家開設的南洋兄弟煙草公司和天廚味精廠，「解放」後由上海市府接管，在香港十分低調，公司門口連牌子都不掛，基本上無人知曉，到改革開放年代顯然已不附合時代要求。

八十年代中期起，上海實業公司在我父親主持下，開始做外貿、地產、金融，為上海地鐵引進外資等，在當時從中央到地方數千個內地駐港機構負責人中，只有上海實業和廣東的粵海兩家公司的負責人是非共產黨員，可見上海開放之初的氣度和魄力。

1992 年我父親退休前，上實成為集團公司，籌備上市，現在上海實業集團已是香港著名上市公司之一。

章濟塘

2013 年 6 月 15 日　於香港

　　文革結束，我從二石廠回到通用機械公司復職副經理。進入八十年代，改革開放成為國家發展的方向，1983 年，我調任機電工業局副局長。

　　這年 12 月，全國工商聯和民建中央在北京召開執委會會議，會上劉靖基（全國政協副主席，全國工商聯副主席）對我說：「我已同汪市長談好，請你到愛建公司【註】來當總經理。你是工商界人士，愛建是工商界辦的民間企業，你可以得心應手，幹出點成績。」

　　我知道愛建的內部也很複雜，同時，上海市投資信託公司總經理徐鵬飛也要我去上投，我不好說什麼。

　　1985 年新年裡，有位老朋友來看我，對我說：「上投和愛建都要你去，機電局又不放，邁爺（英文 Mayor 即市長）想調你去香港的上海實業當總經理，你願不願去？上海實業是市府派在香港的窗口代表機構，邁爺認為你去主持，可以發揮更大作用。」

　　我說：「領導上正式決定，我就服從。」朋友即刻與汪市

長電話聯繫，說定在明天（1月13日星期日）下午去汪市長家面談。

我到汪家，汪夫人削了幾隻生梨，泡了龍井茶給我，汪市長說：「上海實業公司直屬上海市政府領導，由李肇基副市長分管，幹部受市委組織部管理。派你去上海實業任總經理的事，市委討論過，已作了決定，否則我還不好同你談，不過還得聽聽你本人意見。」

我想市委已作了決定，聽本人意見是一種尊重的姿態，我一個資本家身份的人，感激之外更希望能為國家做些工作。

不過我還是提出了一個問題：「我妻子已移居美國，這有沒有影響，今後她能否到香港來看我？」

汪市長說：「你夫人在美國，將來入了美國籍，但仍是中國人，要說有影響的話，只有正面的影響，她有國外關係，也可介紹，起夫人外交作用，她在香港會親，可照顧你，我們也放心，有何不可呢？文革那一套已經永遠結束了，你不要有顧慮。今天先把事情定下來，過些日子，阮崇武、李肇基會找你開會，你可將問題或其他要求提出來，由組織作個結論。」

1983年章志鴻與汪道涵

我又說我太太現正在上海，她二月要回美

國去，我準備送她回去，休假一個月再回上海，汪市長說：「好，那就等你回來再開會。」

市長的信任、爽快，給了我特別溫暖的感覺。

1985 年 1 月 26 日，我和劉靖基、郭秀珍、徐鵬飛等同去香港出席滬港經濟發展協會會議，八十年代，香港資本是我們最早引進的外資。

滬港經濟發展協會是上海統戰工作的產物，1983 年成立，會長滬方為劉靖基，港方為香港工業總會主席唐翔千；副會長滬方為郭秀珍、徐鵬飛，港方為李國寶、郭志權、胡法光等，我是滬方理事。

到香港當天晚上，在九龍俱樂部舉行聯席宴會。那天正好是我生日，我與郭秀珍之弟郭正達鄰坐，當時歐美成衣業所用的線，40% 由郭正達的金泰線廠供應。在閒談中，他得知今天是我生日，暗中通知酒店。晚宴中間，突然電燈熄了，服務員推來一輛小車，上面有一隻點了蠟燭的蛋糕，送到我座位前，郭正達起身宣佈今天是我生日，大家鼓掌舉杯，唱生日歌，我很激動，吹了燭，切了蛋糕，舉杯感謝大家。有人要我唱歌，我唱了一曲英文老歌「You are my sunshine」。

這樣一幕，對我來說，實在是太久違了。

我與郭正達 1948 年在美國留學時認識，那年我在哥倫比亞大學，他在紐約大學。留學生常在週末，聚集在赫德遜河邊洛克費勒教堂附近的國際學生大廈，在那裡聚會、吃飯、跳舞，

我在那裡認識他，原來郭和我妹妹是上海滬江大學同學。我1950年回國後，我們再沒見面。文革後郭秀珍任全國人大常務委員、上海市工商聯副主任，和我相當熟悉。

回上海後，我去美領館申請簽證，一早到領館，門口已排了一條長隊，我與副領事 Edward Wehrli 有預約，直接到領事辦公室，Wehrli 站起和我握手，收了我護照出去了，我一個人在辦公室等了十分鐘，突然有人拍我一下肩膀，回頭一看，竟是周慧莉。她是上海鼓風機廠情報研究室的幹部，英文很好，經外服公司推薦來美領館工作已兩年，她把我的護照交給我說：「原來是章局長，你有辦法直接見到領事。」我到香港後，因為需要英語人才，把小周調來上海實業，當我的辦公室主任。

2月中旬，我和妻帶同孫子去洛杉磯，在紐約時，特地去找了我們1947年在華盛頓大橋附近的老公寓，還去看望了我二十五年未見的老朋友、陳誠將軍的秘書沈昌瑞，直到5月才回到上海。

5月12日汪市長在西郊賓館請我吃飯，市長說：「再過幾天阮副市長會和你具體談一下你就任上實總經理的事。」

江澤民的任命書

我向汪市長提出可否推薦一個人作我的助手，市長說：「很好啊，有一個你對他瞭解又能勝任的人在身邊，對工作開展有利。」

我說：「此人是劉靖基的外甥，與我共事有年，但是他有政歷問題，在交大時加入過三青團，文革中作為反革命受審查，現已平反。」

汪市長說：「這不是問題，你推薦，我們相信你。你放手工作。」

6月初，我分別向副市長李肇基、組織部長曾慶紅、副部長吳敏華匯報，最後在市長康辦會議上，討論了上實今後方針、任務。汪市長特別提出「港事港辦」，要擺脫內地習慣，按香港的規則辦理，明確規定，公司人事「一枝筆原則」，即人員任職和退回均由總經理決定。公司實行董事會領導下的總經理負責制，確定我為公司副董事長兼總經理，由市政府任命，汪市長簽發任命狀。甚至我妻子常來香港等問題，都作了認可。

我專程去北京，向上實董事長劉念智傳達市府的任命，劉老一見我就熱烈握手，連聲說：「太理想了，太理想了！」

劉念智是上海已故火柴大王劉鴻生的第三子，英國劍橋大學畢業。劉鴻生有四個兒子，長子早故，上海「解放」時，劉鴻生出走香港，次子劉念義奉陳毅、潘漢年之託，專程赴港勸說劉鴻生返回上海。劉念義曾任上海市政協和工商聯副主席，文革中被毒打致死，從工廠二樓廁所被丟下來，訛稱自殺。劉

念智也受批鬥，在碼頭倉庫勞動，文革後劉念智任上海市人大副委員長、全國工商聯副主委、全國政協常委。

上海實業公司的基礎是南洋兄弟煙草公司和天廚化學味精廠，南煙由南洋華僑簡照南、簡玉階兄弟於 1905 年在香港創辦，生產著名的紅雙喜牌香煙，1916 年在上海設廠。受英美煙草公司競爭打擊，到 1937 年奄奄一息，宋子文資本乘虛而入控制了南煙。「解放」後，上海工廠被接管，香港南煙也按合營處理。

南煙董事長徐鵬飛在「解放」前，以貿易商行「廣大華行」資本家身份在香港工作十二年，和盧緒章等同為新中國最早的外事官員，後因受潘漢年案牽連沉寂多年。在上海走向對外開放中，徐鵬飛主持上海市投資信託公司，他精通英語、粵語，是八十年代上海外貿主將之一。

吳蘊初創辦於 1939 年的天廚味精廠，在「解放」後同樣由上海市府接管。1981 年上海市政府在香港成立上海實業公司，將南煙和天廚劃歸上海實業，但未展開對外業務，公司連名牌都不掛，因此市府決定讓上海實業在改革開放中，發揮更大的作用。

1985 年 8 月 29 日，我到廣州，次日坐直通車到達香港，開始了我在香港的七年工作，直到 1992 年退休。

三十五年前的 1950 年 9 月 22 日，我和妻從美國回來，我們一船二百多人，是歸國學生、學者最多的一批，包括兩彈一星功臣趙忠堯、鄧稼先等。「威爾遜總統號」離開美國後，集

體向周總理致電，表達回國參加建設的願望，因此輪船一到香港就受到港英政府的敵視，不得在香港停留，馬上被英警押上火車。跨過羅湖橋進入深圳，只見紅旗招展，鑼鼓喧天，一大幅「熱烈歡迎歸國留美學生」的橫幅，像張開雙手的母親，祖國的信任和熱誠，令留學生們個個熱淚盈眶。

但是此後的歲月，我們報效國家的心願被忽視、遭打擊。今日我重臨香港，這種感覺又回來了。

本文原載
《檔案春秋》上海市檔案館 2013 年第 7 期

【註】文革後中共實行改革開放政策，重啟民營企業，上海老一輩資本家集資 5700 萬元，於 1979 年 9 月 22 日成立首家民營企業上海市工商界愛國建設公司，董事長劉靖基，副董事長唐君遠，總經理韓志明。唐君遠的兒子唐翔千，九十年代任香港工業總會主席，孫子唐英年曾任香港特區政務司長，唐英年的妻子郭妤淺是郭正達的女兒。韓志明是原章榮初榮豐紗廠總經理。

遠去的記憶

章馬璧如 遺著
章濟塘　整理

　　這是家母遺作，2008 年家父去世後她時常沉浸往事，斷斷續續寫下一生的記憶，一家雜誌認為有價值，囑我將她寫在各種紙上的文字整理成篇。

章濟塘

　　我們馬家祖籍陝西扶風郡，馬氏是中國回族大姓之一。

　　聽長輩說，長毛時，全家逃避戰亂，一路南遷，途中失散了祖父兩個弟弟或一弟一妹，只剩祖父一個小輩，最後在紹興停留了多年，住在當地一個潘姓大戶人家，祖父的親事也在紹興定下來，祖母是紹興人。最後我家定居杭州，因此我們祖籍陝西，但以杭州為籍貫。

　　到杭州之初，祖父擺過地攤，後來景況好轉，開設了杭城一元布店，賣布匹和綢緞，店裡最低價格只要一元，這家布店經營了上百多年，直到「解放」後公私合營。祖父事業有成，在肅義巷 17 號建立了家宅。老式房子有前廳，有廂房，後園有花草假山，前後園之間有個書房，也有假山，書廳院內有個門，通向隔壁一個四周有屋的大棧房。

祖父有五子三女，共有孫輩十八人，我父親馬久甫排行第三，我父親有四子五女，我是長女。我的四叔怡甫、五叔極甫，民國初都在銀行謀事，四叔在中國銀行杭州分行，五叔在上海交通銀行。因這一關係，我的堂兄弟也都在中央、中國、交通三行供職，分散各地，直到抗戰勝利後大家回上海，全家才團聚。

　　我母親是續弦，原名朱綿箴，學名佩言，浙江湖州人，生於 1895 年。外公家書香門第，大舅二舅都留日學醫，母親中學畢業後，外公任職京滬杭兩路局，隨父移居杭州，母親是浙江省立女子師範學校首屆畢業生，寫得一手好字，工詩詞崑曲。

　　父親前妻王氏娘娘生兩子，長子家駿，二子家馴。大哥家駿由祖母帶領在杭州長大，在朱家驊辦的浙江省警官學校第二期畢業後派到寧波鎮海任警官。八一三抗戰爆發後他逃回杭州當教師，住在肅義巷家中直到解放，1954 年 9 月肅反運動時以歷史反革命罪名被捕，判刑五年，1960 年底亡故於內蒙勞改營。

　　我家在紹興居留時，與潘家結緣。潘家有三子，長子潘履園長大後到杭州讀私塾，和馬家大小姐馬碧梧（我父親的大姐）同窗，後結為夫妻，杭州話稱姑母為「大乾娘」，稱大姑夫潘履園為「大乾爺」。二哥家馴出生不久生母亡故，因大姑母一直未生育，遂由大姑母領養。

— · —

天津時期（1921-1929）

　　1915 年大姑夫潘履園奉浙江興業銀行命到天津開設分行，為首任經理，父親隨他赴任浙江興業銀行天津分行襄理、財務總管。1921 年我出生在天津，當時因為外婆家的舅舅們都是日本留學生，所以我們兄弟姐妹，都是請日本接生婆來家接生的。

　　天津浙興銀行設在宮北大街，1925 年遷到法租界 21 號路（今和平路濱江道口），這座古典主義大樓現在是天津市的保護建築。

　　當時銀行界社會地位很高，出入有馬車、包車（專用黃包車）或汽車。大姑夫一家和過繼給他們的二哥住在銀行大樓頂層，我記得那迴轉大理石樓梯，又高又大，我望而生畏。

　　1926 年，祖母過世，全家回杭州奔喪。出殯時，祖母放在家裡大廳的棺木上，頭向外，頭髮散開，後面跪着兩排家人，由各房媳婦上去為婆婆梳頭，最後再由專人為她把頭髮梳成髮髻。其他弟妹還小，二哥拉住我跪在最後邊。出殯時最前面是白色大布幕，孝子孝孫都走在幕帳中，女眷們坐轎子。因為我家大伯、二伯及潘履園在清末都中過舉，做過官，出殯一路上還有多處路祭，直到一個大廟，我們都住在廟裡做法事。

　　記得在天津時，我們和大姑夫兩家曾帶了女傭姜媽去北平旅遊，住在萬牲園（動物園）對面的俄國飯店。在天津的日子，我印象最深的是離銀行不遠有個中原公司，就是今日天津百貨大樓的前身，猶如上海的永安公司，當時是天津最現代最繁華的中心，樓下是百貨公司，頂樓和天台是遊藝場，像上海大世

界一樣，有各種演出。中原公司的總經理姓鄧，也是杭州人，他家和我家相鄰，都在法租界，鄧伯母是浙江興業銀行董事長葉揆初的姑媽，送給我們一張長期門票，鄧伯母常約我媽媽去購物，長我三歲的二哥家馴帶我去玩，他去看平劇，我去看電影，那時我六歲。

1928 年 11 月，大姑夫潘履園身體不好，退休回了杭州。

— · —

上海時期（1929-1934）

大姑夫潘履園的二弟三弟供職中央銀行，是宋子文的助手，當時各銀行家族互相通婚很多，潘履園和浙江興業銀行負責業務的常務董事蔣抑卮關係密切，蔣抑卮有六房太太，大女兒蔣童祁嫁予銀行家朱博泉，潘履園女兒我稱她小姑姑，嫁給蔣抑卮侄子蔣彥武。曾任蔣介石總統府秘書長的蔣彥士，和2003 年非典流行時的著名醫生蔣彥勇都是該家族後人。

1929 年蔣抑卮將父親調到上海浙江興業銀行總行擔任襄理，我家也搬到上海愛文義路（今北京西路）一個石庫門里弄房子。

我最小兩個妹妹都出生在上海，院子裡放包車，爸爸每天坐包車去銀行上班。當時銀行業辦了一所小學，在張家花園內，叫「行之學社」，我被送去上學。我記憶尤深，念的都是古文，數學用算盤，下課就在大門外弄堂裡玩，後來轉學到培成女校，即後來的小沙渡路小學（今長壽路），我沒念過英文和正規數學，父母給我補習，兩年後小學畢業。

南京時期（1934-1936）

1934 年，父親奉調南京任分行經理，那時從上海到南京坐火車時間很長，我們全家包了臥車去南京上任。

南京分行在白下路 99 號，外面是營業廳，裡面是經理住宅，父親月薪三百大洋，那時一擔米只要五六元，生活是富裕的。南京分行待遇很好，配有公館、汽車、包車，還有廚房男女傭人，我們從上海也帶去女傭丁媽和施媽。母親將陪嫁的丫環愛菊嫁給了包車夫。次年春節，一家人第一次由南京開小汽車去蘇州外公家拜年。外公原在上海開藥廠，後來把藥廠交給畢業於同濟醫學院的大舅，自己退休住在蘇州。

浙興銀行南京分行前任經理楊蔭蒲，是經濟學家，不太熟悉銀行業務，父親調任南京分行後，業務才走上正道。國民政府中有不少人要做股票公債等但不方便去國營銀行，要和民營銀行來往，爸爸因此認識了不少國民黨官員。父親是銀行經理，銀行公會會員，應酬很多，有時請客要帶夫人，但我母親不喜歡交際，因此父親就經常帶我同去，後來人家請客，給父親的請帖上就寫夫人及小姐。

母親參加南京女青年會烹飪班，學做西菜蛋糕，特地定了一套天藍色英國瓷器。母親學會了拍照，所以我們當時留有很多照片，在文革中都被抄去了。

父母喜歡旅行郊遊，假日就帶我們去中山陵、明孝陵、燕

子磯等風景名勝玩。1935 年夏天，上海銀行創辦人陳光甫開設的上海中國旅行社首次舉辦銀行界泰山遊旅行團，火車在上海出發，經南京時我們上車，我們四人包一個臥鋪間，火車晚上開，白天停，一路北上一路玩。8 月 27 日，天不亮我們就在兗州下車，坐轎子到曲阜，一路上都奏編鐘古樂，我們參加了由孔子七十七世孫孔德成和馮玉祥、韓復榘主持的祭孔大典。

我在南京進了著名的教會學校匯文女中，當時我的學名是「馬如如」。在這裡我開始學琴，每天放學後去禮堂邊的琴房練琴，老師是一個白俄老太，我的英文名 Katherine 就是她為我取的。後來到上海時我改名為馬璧如，因為上海話「如」字不好念。

當時同學中很多是政府要人之女，我最要好的同學蔣碩美，她父親是駐日大使蔣作賓。她兄姐都留學國外，留她一人陪外婆，她也是由上海轉來南京。另一人是杭州人陸如珍，也講上海話，是住讀生，我們三人最要好，还有居正的女兒。在匯文女校，中飯是包在學校的，陸如珍是住讀生，我總帶些私菜去給她，後來她先我一年回了杭州。

值得一提的是楊惠，矮矮的個子，每天由她母親坐汽車送來上學。她非常聰明，每半年跳一級，當時學校是分上下午兩班的，兩年後她已是高中生了。她抗戰時期進了上海聖約翰大學，是出名的高才生。我和丈夫章志鴻 1947 年去美國紐約時，住在 190 街 335 號，又巧遇她。那時她已準備回國，更巧的是我們回國後住在江蘇路中一村，又在其他朋友家和她重逢，後

來常見面。他老公叫唐迪，是個外科醫生。他妹妹是我在上海女青年會認識的，五十年代初，大家還熱衷於交友聚會，尤其互相是校友，又有國外經歷。楊惠回國後，是上海財經學院的經濟學教授，但在文革中被迫害致死。

在匯文女中時，我參加合唱團，我們的老師就是出名的中國音樂家楊嘉仁（1912-1966），留學美國密歇根大學得了兩個音樂碩士學位，回國後任教匯文女中、上海之江大學、南京金陵神學院、上海聖約翰大學、國立音專等學校，後來擔任上海音樂學院指揮系主任，他的妻子程卓如是上海音樂學院附中創建人和第一任校長，文革時夫妻倆自殺身亡。

在匯文女中時，楊嘉仁的弟弟楊嘉林就在匯文對馬路的金陵中學讀高中。1936年蔣介石被張學良扣在西安，引起全國抗議，宋美齡出面談判，蔣宋回南京時，楊嘉林率男校學生來動員我們女校學生，一起在街上夾道歡迎。

父親的銀行公會每月有電影票送來，因此那時我每個禮拜六都去看電影，下午作文課我和蔣碩美總是早早交卷，趕去看兩點的一場電影。那時看了很多電影，大多是好萊塢片。

在南京時，父親應酬特別多，加重了他的胃病，醫生說要吃新鮮牛肉汁，於是每天包車來接我時都去牛肉莊買一塊生牛肉，帶回家用開水泡一下，用壓肉機把牛肉汁壓出來喝，牛肉就燒成紅燒牛肉，給我帶去學校當午菜。

浙興銀行在南京新街口有塊地，父親就任後開始建造，落成尚未遷入，他就因嚴重胃病決定退休回杭州。1936年春，父

親發起全家大團圓無錫遊，同時托四叔在杭州物色房子，準備全家回去。

— · —

抗戰時期（1937-1945）

1937 年夏，莫干山家中泳池，左起：大哥、四妹、我、二哥

　　四叔為我家找到大塔兒巷 7 號一所花園洋房，原是美國教會產業，後面是所中學，兩所洋房是正副兩位校長的住宅，這房子是美國南方式樓房，樓上房間前面有個大轉彎的陽台，有三扇門通三間房，有個大樓梯間，前面花園本來是個網球場，父親把網球場改建為有假山亭子及葡萄棚的中式花園，我也進了杭州省立女中讀初三，又巧遇南京同學陸如珍。

　　1937 年初父親退休回杭州，仍被任命為浙興銀行杭州分行經理，大姑夫退休回杭州後住在莫干山，我們和大姑夫家在莫干山造了前後兩座別墅，蔭山路 75 號是潘家，74 號是我家，不遠處就是蔣抑卮的別墅。不久大姑夫去世，他在杭州的大宅

後來成為浙江省長吳鐵城的住宅，遺產大部捐給了香山慈幼院，古董捐給浙江省博物館，葬在莫干山潘馬兩家合置的家族墓園，墓道牌坊刻有「兩姓墓道」，聽說至今還在。

1937 年 7 月 1 日我和弟妹上了莫干山，父母每星期上山來看我們。我家往上走就是莫干山的中心崗頂，大多是外國人的別墅。二哥家馴過繼給大姑夫姑母後跟他們生活，他們為二哥造了一個游泳池，旁邊還有個亭子，山上的泉水很涼，走過一片竹林就是著名的劍池，清晨可以聽見下面一個廟裡的鐘聲。

我雖是杭州人，真正住在杭州不過半年。好景不長，1937年 7 月 7 日爆發了盧溝橋事變。不久「八一三」事變大世界被炸，抗戰全面爆發，日本人佔領了上海，大批難民逃來浙江。當時也在山上的上海大亨張嘯林召集大家開會，說要堅守在山上，但過了不多日他第一個逃走，後來做了漢奸浙江省長。

那時由中國自行設計建造的最大橋梁錢塘江大橋剛竣工，這是浙江興業銀行杭州分行貸款興建的，1937 年 9 月 26 日舉行通車典禮，父親代表浙興銀行，和總設計師茅以昇一起剪彩。當時有人說「錢江大橋」四个字是金木水土，獨缺火。這時日軍已迫近杭州，為阻日寇南下，國民政府決定炸橋。

我們在山上知道日本人沒有進入上海租界，父親決定逃去上海。那時上海和杭州交通已斷絕，我們先到寧波，父母在 12月 23 日茅以昇親手炸毀錢江大橋前一刻才最後撤離，和全家在寧波會合再乘船到上海。我們在杭州塔兒巷的房子成了日軍高級軍官住宅，花園裡養馬。我們到上海後，父親頂下霞飛坊

40 號一所三層樓房，和許廣平家成了鄰居，從此我們就成了上海人。

1937 年底日軍進入南京，國民政府遷到陪都重慶，南京成立汪精衛偽政府，在上海設立中央儲備銀行，行長周佛海特來我家邀請父親出任南京分行經理，父親借口身體不好堅決推辭。

1938-40 年，我在懷文女中（原名務本，現為市二女中）念高中，又開始學琴，父親為我買了琴作為我 18 歲生日禮物，這也是我第一座琴。同學至今仍在聯繫的有黃孝春、吳啓蓮、汪蘭馨、李宗善等，當時弟妹讀小學及初中，我已是大姑娘，有了自由和同學交往權。

高中畢業（1940 年）

在高三時，交大畢業班辦話劇，缺少女配角，二哥同學知我會講國語，就介紹我去，當時演女主角的是我同班同學李宗善，她也來自南京，每天下課後我和她同去排練，地點就在紹興路王雲五大宅裡的劇場，當時作為交大業餘活動場所，排練結束後大家推了自行車送我們到霞飛路口分手。交大畢業班話劇共演了三場，演出化妝由李宗善請來了她表哥陳述，當時陳述在業餘話劇團【註 1】工作，劇團中有黃宗英、馮喆等人。陳述說我化妝後像陸露明，稱我為小陸露明，說我國語講得不錯，動員我加入劇團，但我知家裡決不會同意，而李宗善去了

劇團，工作一年她仍進了東吳大學。劇中男主角和李宗善演一對情侶，我出演男角的妹妹，他不久去了大後方，陳述等一直和我保持聯繫，直到文革。

1940 年夏我和吳啓蓮考進東吳大學醫學院，當時美國還未參戰，很多學生都轉去大後方，我家不少堂表兄在中、中、交行工作，也都去了大後方（四川雲貴）。

我進醫學院後買了腳踏車去上課，這是我的第二輛，第一輛是剛到杭州時買的，沒騎幾天就上莫干山了，第三輛是作為陪嫁帶進章家的。

我父親因上次買琴認識了老板，經過琴行時總會進去和他聊天。1943 年我訂婚後，爸爸又托他物色一隻好琴，要作我的陪嫁，家裡的琴留給弟妹們用，這第二隻琴在文革抄家後被上海音樂學院收用，分配給陳鋼（小提琴協奏曲《梁祝》的兩位作者之一），文革後被我家取回，我的第三隻琴是在美國波士頓時志鴻給我買的，回國時就丟下了。

我和丈夫章志鴻的相識也是個奇妙的故事。1942 年我已是醫科二年級，一次去解剖室見到一具頭腦蓋着一條白布的屍體，男生存心作弄，當女生走近時，突然把白布揭開，只見血淋淋的腦子呈現眼前，特別惡心，幾天吃不下飯，只想吐，實在無法念下去了。

父親建議我改學商科，他精於此道，可以輔導我，因此決定改讀東吳商科。東吳是蘇州名校【註 2】，抗戰時期在上海成立分校。就在這個暑假，記得在吳啓蓮家，幾個同學見到報

紙招聘家教，大家都試着投了信去，過了不多天，接到電話要我去天津路榮豐紗廠辦事處面試，母親陪我同去，就這樣定好日子去章家做家庭教師。三個學生都是三四年級的小學生，實際是陪他們過個暑假而已。上午兩小時就完成暑假作業，下午基本就是玩玩，我還教他們彈彈鋼琴，中飯時就在樓下飯廳放了兩張大圓桌，全家人一起，飯後在飯廳前的坐起間聊天，這樣一個多月和他家人都熟了。暑假過完，我又去上學，以後章家有時出外聚餐，志鴻兩個妹妹常來我家拉我一起去。

當時志鴻的阿爸章榮初在上海事業做得很大，屬下有榮豐紗廠等二十一個企業。1943 年我父親六十壽辰，志鴻阿爸請浙江興業銀行董事長徐寄廎為媒，向父親談我和志鴻婚事，交換八字。徐寄廎是上海銀行公會理事長、上海商會理事長，也是阿爸榮豐紗廠的常務董事。

因為還是日本佔領時期，父母也想我們早點結婚，然後去重慶再轉美國。後來美國參戰很快就勝利了，所以我們直到 1947 年春才去美國。

1944 年 4 月 8 日结婚照

1944 年 4 月 8 日，婚禮在上海麗都花園舉行，沒有酒席，只設茶點。當時的風氣，沒有像現在這樣大擺筵席的，只有簡單的茶點。我們的證婚人徐采丞，是志鴻阿爸的老朋友，杜月笙留

在上海的代表，也是榮豐紗廠的常務董事（榮豐紗廠掛名董事長是杜月笙，當時已去重慶）。儘管我和志鴻是自由戀愛，但當時習俗仍要有男女雙方介紹人，男方介紹人徐寄廎，女方介紹人項叔翔，是浙江興業銀行上海分行經理。婚禮完畢，我們坐上汽車離開，前面是一輛軍樂隊大卡車開路，一路奏樂，回到紹興路家中。長輩們都換了中式禮服，我們向所有長輩行見面禮，一位一位地跪拜奉茶。

我家住的紹興路 54 號原是美國領事館所建的僑民俱樂部，因為戰爭越來越緊張，造好後沒啟用，1940 年志鴻阿爸用 4000 兩黃金，以志鴻的名義買下來。家中所用物品都是最貴最好的，我們在上海最好的家具公司，大光明戲院隔壁的英國福利洋行定購了金黃柚木和暗紅核桃木雙拼的全套家具。

我們結婚時的女賓相張錫瑾，後來嫁給當時駐守上海的國軍空軍軍官王光復上校，他們 1948 年去了台灣。王光復是劉少奇夫人王光美的五哥，八十年代退休後移居美國。王光復在武漢戰役中，一人擊落九架日機，2005 年胡錦濤主席親自頒給他抗日英雄勛章。我和他們失去聯繫六十多年，誰知 2007 年我到達拉斯女兒家，竟在教會又和他們重逢，真是恍若隔世。

— · —

留美三年和歸國之後（1947-2014）

1947 年我們到達美國，先在舊金山住了一個月，認識了中國去美國學醫的葉英，他太太從澳大利亞來美國和他結婚，不太會說中文。葉英後來是中國著名寄生蟲病專家，解放初回上

海任第一醫學院教授，文革時葉英自殺未遂斷了腿，又發肺炎得不到治療，草草當感冒誤診而死。文革後葉太太帶子女回了澳大利亞。

1948 年紐約

我們從舊金山乘火車去紐約，這時楊小磐、陳德華已在紐約，楊還帶了一個朋友來訪，巧得很，原來是交大話劇團的小林，他在哈佛和陳德華同學。我們出國前，志鴻有六個好友，自稱六君子，約好學成回國創業，其中兩人先我們回國，其他都留在了美國，回國的兩人，陳德華和凌志鈞，凌被戴上右派帽子，陳德華在文革時抄家時被發現一張與美國同學的合影，硬說是美國特務，鬥得受不了，在黑石公寓家中跳樓自殺，妻子當場瘋了。

在紐約我們住在華盛頓大橋附近的老式公寓，對門是三個中國留學生，沈昌瑞是陳誠將軍的秘書、國民政府駐美使館武官，葉維洪是上海富商葉澄衷的孫子，袁孟晉是中國新聞社記者。

1948 年 12 月，沈昌瑞的未婚妻楊小燕來到紐約。楊小燕是湖南人，父親楊開道，當時是武漢大學校長。他們在紐約河邊教堂，由幾個朋友證婚，舉行了極簡單的婚禮。

1950 年志鴻完成碩士，準備繼續讀博士，這時接到上海來電，他母親在上海查出得了乳癌要開刀，那時聽到癌症，猶如

判了死刑。我們馬上決定回國，船期是 9 月在洛杉磯上船，當時我們在波士頓，匆匆整理行李，先開車去紐約，住在沈昌瑞家，我們把車賣了，乘長途車到洛杉磯上船。

由於朝鮮戰爭爆發，中美雙方已交惡，船只到香港，必須由香港轉，行李多，又都是老式的鐵皮立箱，上船時很麻煩，我的次子生在紐約，是美國籍，上船時美國海關刁難，結果只能隨身帶了兩個小皮箱，其他行李委托給沈昌瑞。1952 年他到香港時替我們帶到香港，我們再申請去香港拿回來。

1952 年父親突然腦溢血，送進虹橋療養院單人房，我天天去醫院陪伴，就這樣躺了三星期，沒有醒過來。當時本想運回莫干山家族墓園，但已不可能，只能在上海火葬後，帶回杭州在南山公墓下葬。過了一年，大姑媽也病重，我和母親還有六妹去杭州陪伴，住在杭州老家肅義巷的倉庫，四叔一家也住在此，房屋還很寬餘，大姑媽臨終前，二哥從北京趕來。

我們回國後，志鴻進阿爸的榮豐紗廠下面一個機器廠，經歷了三反五反、公私合營、反右，經過非常困難的幾年。1956 年大合營後，得到了定息，生活總算穩定下來。志鴻參加了民主黨派民建，我也參加市區兩級的民族資產階級家屬委員會，幾乎每天有學習會，還定期去政校學習，認識了很多新朋友。

文化大革命前母親突然吐血，急送中山醫院，查出來是腸梗阻，要開刀切去一段，實際是腸癌，住了兩星期醫院，我請假天天去陪。

1966 年文革開始，一家跌入恐怖深淵。志鴻是上海市機電局重機公司副經理，1966 年 8 月 26 日第一次抄家時，母親正好在我家，來抄家的造反派不許她離開，坐在客廳中看到結束。之後母親家也遭到抄家，把她原先住的前房封起來，趕到後房，當時已屆七旬的母親，被造反派威迫站在小凳上受批鬥。

1963 年四十二歲，上海

更慘的是在北京科學院工作的二哥二嫂，因為被搜出所謂變天賬，就是大姑夫的莫干山房產證，夫妻兩人通電自殺，母親傷心欲絕。

這時家裡無人可去北京處理，二嫂的姐姐趕到北京，將兩個孩子帶回上海。現在他們都已成人，留學美國歸來，女兒在上海音樂學院任教授，兒子是浙江美術學院教授。

母親癌細胞轉移到肝，幸好沒有痛只是昏睡，四妹為她準備了嗎啡針都不曾用。1970 年母親在睡夢中去世，和父親合葬在杭州南山公墓。

總算熬到文革結束，因為我次子出生在美國，中美建交後，他恢復了美國籍。1982 年我移居美國，當時我已 61 歲。初到美國，只能去工作，此後幾個子女都陸續出來，一家逐漸重新安頓下來。

1986 年，志鴻由上海市政府派到香港主持上海實業公司，退休後也移民美國。2008 年我和志鴻定居香港，和長子一家生活。年底，志鴻離開了我，現在我是章家、馬家兩家最老的人了。

　　回顧這一生，走過不平靜的九十多年，雖有起伏終歸安定，雖有磨難總算平安，我心足矣。

【整理者言】家母 2016 年病逝於香港，與家父合葬於上海奉賢濱海基督教墓園。

本文原載
《民間影像》上海同濟大學 第五輯 2014 年 8 月

【註 1】上海業餘話劇團成立於 1935 年，負責人鄭君里、陳鯉庭等，1937 年 8 月改為職業劇團，應雲衛任團長，主要成員有趙丹、金山、顧而已、王宗江、王宗英等。

【註 2】東吳大學（Soochow University），1900 年由美國基督教監理會創建於蘇州，以法學院聞名中國。1951 年東吳大學旅台同學會在台灣復校，成為現今台灣東吳大學。原東吳大學在 1952 年併入江蘇師範學院，最後發展為現在的蘇州大學。

第三輯

筆者本人的回溯

月是故鄉明

　　我家祖籍浙江省湖州荻港，居住菱湖鎮，祖父十八歲起就在上海經商，父親也出生在家鄉，我是祖父的長孫，也是家族出生在上海的第一人。1945 年 1 月，農曆臘月十二我出生，菱湖是中國最主要的蠶絲產地，《搜神記》記載了蠶起源最古老的神話，臘月十二是「蠶花娘娘」生日，這在家鄉是個大日子，我祖父高興得不得了。

　　我是大家族的第一個孫輩，正逢祖父事業的巔峰黃金期，他 1938 年開設榮豐紗廠。當年上海十大紗廠，榮氏申新資產第一，香港郭氏永安第二，第三中紡紗廠，老闆王啟宇 1948年在香港另設香港紗廠（今長沙灣香港紗廠工業大廈），第四是中國最早的民營紗廠恆豐，榮豐紗廠排第五。抗戰勝利後我祖父在家鄉投資三百萬美元改良蠶絲，開辦中國最大的繅絲廠菱湖絲廠，成為浙江省首富。

　　1942 年錢塘江海寧大堤坍塌，祖父斥資四億法幣修復，1944 年底竣工不久恰我出世，我是「宗」字輩，本該取名「宗成」「宗棠」之類，祖父為我取名「濟塘」以紀念此善舉。他常言「與其積財於

「白殼子」（筆者據舊照和記憶作）

子孫，不如積德於子孫」，這是對我終身的祝福。

我的童年充滿陽光和歡樂，五歲前的一些記憶，至今歷歷在目，仿如昨日。

1947 年夏，菱湖絲廠落成，我跟祖母去家鄉，祖父在那裡等我們。杭嘉湖地區陸路阻塞，

菱湖絲廠（1947）

湖河交叉、水徑縱橫，家裡有艘白色遊艇，可載二十多人，大家稱它「白殼子」，從上海直接開到菱湖。

清晨我醒來已經在船上，行在兩岸稻田和蘆葦的江南河道上，葦風習習，河水清清，水鳥圍着船邊飛翔。祖母等人在船艙打麻將，我扒在窗口，第一次出門，真新鮮真好玩。

一個船工帶着我在船上前後到處鑽，船頭駕駛艙前面甲板上有個洞口，船工揭開艙蓋，我向下一望，裡面是機艙，機器轟鳴，有很多紅色的管子，可怕極了，我不敢下去，船工爬下梯子，一會兒竟從船尾走來了，原來下面的機艙還有一個艙口在船尾甲板。

兒時記憶像一段段錄像，儲存在腦細胞中，清晰有序但零散，下一段已在菱湖，船靠在安瀾橋側的碼頭，我們乘上汽車，兩個荷槍的保鏢站在車外踏腳板上，好不威風，我擔心他們會摔下去，絲廠開工曾留下兩卷 16mm 電影，可惜毀於文革。

這是我唯一一次到故鄉菱湖，祖母說，後來我還去過一次湖州，但那次我留在湖州沒跟他們到菱湖。

1962 年全家有過一次衣錦還鄉，從杭州包了兩輛汽車北上，到菱湖以南六十里的菁山，給曾祖父上墳，然後祖父一人去了湖州和菱湖，這也是祖父最後一次踏上故鄉的土地。

祖父一代人的故土情結，是中國傳統農民與土地的血肉相連，人與土地的共生關係是倫理之根，屈原的《離騷》、沈從文的《邊城》和聖經的《出埃及記》，都是人對故土的依歸。

關於故鄉的記憶視頻最後一段是 1948 年秋，湖州家門口的碼頭，晚飯後，我送祖母上船去菱湖，祖母說明天就回來，你乖點在家。

「白殼子」停在石砌的階梯下，工人提着馬燈，攙扶祖母走過跳板，靜靜的水巷，波光搖曳，一輪明亮的滿月映在水中。

路在他鄉行，月是故鄉明。

本文原載
《尋夢菱湖》上海文藝出版社 2020 年

一個富三代穿越半世紀的記憶

1945 年我出生時，祖父的紗廠是上海紡織業十大企業之一，紹興路 54 號家宅前後花園泳池，幾十間房四十多個傭人。祖父四房太太，十二子女，就我一個長子長孫，貨真價實的富三代。

— · —

一　解放區的天是明朗的天

汽車從大西路榮豐一廠（今延安西路華敏國際商廈和華敏世紀小區）出來，過了憶定盤路（今江蘇路），前面不遠處馬路中間堆了沙包，架起鐵絲網，就是今天達華賓館前面，幾個頭戴鋼盔的士兵攔住我們，查過證件才放行，深深印在我腦中的這一幕，應該是 1949 年 5 月中旬，湯恩伯的國民黨軍已經陷於解放軍陳粟大軍的包圍。

祖父的工廠曾印製過國民黨國旗黨旗，因為兩面的青天白日很難對準，有很多廢品，就堆在家裡樓梯後的雜物間，祖父叫傭人搬到花園裡燒掉，炮聲已經很近了。

5 月 24 日，祖父在蒲石路（今長樂路）一個朋友家打牌。後來祖父在回憶錄中寫道：「這一整夜槍炮聲不絕，我們的牌也一直打到三四點。乘汽車回家時，見馬路兩邊睡滿了進城的解放軍，我從來沒見過這樣紀律嚴明的軍隊，感覺中國有希望了。」這場驚天動地的牌局跨越了兩個時代。

國民黨的腐敗，使蔣介石政權喪失了中國各階層的支持。大學剛畢業、思想進步的姑母偷偷離家，北上參加了革命，這在當年資產階級青年中，並非罕見。

上海「解放」了，紹興路我家的大宅對面原是上海警察俱樂部，現在進駐了一支解放軍文工團，銅管樂隊成天在練習「解放區的天是明朗的天」，這也是我聽熟的第一首解放歌。

一 · 一

二 進入社會主義

五十年代初，三反五反運動一浪接一浪，祖父十四個企業全部陷入困境。祖父的老朋友、金城銀行經理殷紀常，經不住五天五夜的批鬥，從金城五樓跳下，在江西路上肝腦塗地。我家搬出了紹興路 54 號大宅，已去香港的上海商業銀行經理陳光甫，把他愚園路 1075 號的花園洋房讓我們住下，一年後又被迫遷出，甚至到了付不出電費被剪電線的局面。

1956 年 1 月 20 日上海「全行業公私合營」，那些日子上海到處鑼鼓喧天、鞭炮不絕，父親整天開會，母親排練節目，迎接社會主義的到來。

似懂非懂的我興奮地問媽媽：「這麼快就進入社會主義啦！」

公私合營後開始發放定息，每年按企業核定資產的 5%，分四季度發放七年，即從 1957 年 1 月起，到 1963 年底。1963 年夏毛主席說資本家很老實，為了團結統戰，再加三年吧。到 1966 年夏，文化革命如火如荼，最後兩季度定息停發。直到文革結束，落實政策，這最後兩季定息才重新發出，但那時，創業一代的資本家大多已離開了人世。

　　祖父每年可拿定息 25 萬元，這在當時絕對天文數字，當年一個大學畢業的技術員月薪不過 45 元。祖父以 12 萬談妥康平路一幢有游泳池的大花園洋房，剛要成交，市府插進來拿下做了華東局醫務中心，祖父又看中復興路香山路口的一幢房子，也沒買成，現在那裡是上海文史館，當時私人是不允許做交易的，最後祖父請章士釗疏通，買下了另兩座洋房。

1956 年 1 月 21 日，上海資本家在南京路遊行慶祝公私合營，著名的六大姐扇舞，左三為筆者母親。

我進了康平路上的上海第 54 中學,那時的康平路還是一條沒有人行道的土路,兩邊的梧桐在頭頂相交,形成一條綠色的隧道,極其幽靜。學校斜對面的 70 號就是榮毅仁家,隔壁是挪威領事館和捷克領事館,在三樓教室,可以遠眺龍華寶塔,每天有兩架飛機越過塔尖向龍華機場降落。吳興路口還有一家農民,種着兩畝菜田,用土廁的糞水澆菜時,糞肥味飄進我們的教室。

1959 年,中共中央華東局搬到了高安路原上海手錶廠,幾年內上海市委絡續遷到康平路,好幾個副市長就住在我家對面或附近。

學校所在的徐匯區,在上海屬於經濟條件最優越的地區,大多學生的家庭和其它地區尤其蘇州河以北相比,天壤之別。在那個年代,大多數學生的衣着都是有「補丁」的,像我這樣從來沒穿過補丁衣服的,在當年是極少數。為了拉近距離,媽媽在我的新褲子膝蓋上打了假補丁。我是班上僅有的戴手錶的兩個學生之一,我每月十元零用錢只有兩個用途,買書和看電影,我一書櫥的連環畫和中外小說叫同學們眼紅,他們大多只在書攤上花兩三分錢租書看。中學生除每學期要到郊區人民公社勞動半個月外,每周還有一天到工廠勞動,自己帶飯盒到廠裡,由食堂蒸好後午餐,同學們大多只有青菜,我躲在一邊才打開飯盒,因為裡面總有兩條香腸,這令我非常苦惱。

— · —

三　三面紅旗迎風飄揚

人民公社三面紅旗弄到我這樣的富家子弟都感覺吃不飽，糧票肉票油票布票乃至幾乎一切日用品都要「配給供應」，可見情況有多嚴重，我們被告知是因為「三年自然災害」。

「解放」那年就參加軍隊的姑母和她丈夫回來探親了，姑夫是老革命，駐守京郊南苑的空軍副師長，祖父母緊張得不得了。姑母夫婦終於到了，姑夫進門就叫祖父母「爸爸媽媽」，大家鬆了一口氣，老革命也並不可怕。

我家每星期總有幾次，郊區的農民晚上偷偷來，用一些肉、雞、魚換上十塊錢，因此我家還是餐餐有葷，何況是過年，何況家裡有遠客。終於有一天，姑夫在飯桌上站起來，說：「這樣不好，全國人民都在艱苦奮鬥，毛主席都不吃肉了，這樣不好。」大家好說好勸，才把這頓飯吃完，過了兩天，姑夫母回北京了。直到文革後我們才知道，他們回了部隊，姑夫對自己立場不穩，和資產階級大吃大喝作了一次又一次檢查，從此被掛起來再沒晉級。

—·—

四　我和上海的緣份盡了

「三年自然災害」之後，1962 年起「恢復經濟」，對上層知識分子實行比較寬鬆的政策，我叔叔是復旦教授，可以每月到外文書店買兩張唱片，都是捷克、匈牙利進口的古典音

樂，後來也有一些東歐翻版的西方流行音樂，我第一次聽到所謂「西方靡靡之音」，就是捷克出的 Perez Prado「櫻桃紅」（Cherry Pink），和 Brian Hyland「暑期工」（Summer Job）。

1963 年高中畢業後我又在光華補習學校上了一年，當時上海有兩個教育局——教育局和高等教育局，1962 年高教局和上海市工商聯合作，在華東政法學院辦了個光華補習學校，相當於香港的大學預科，教師全是大學講師，62 屆升學達 97%，轟動一時。

華東政法學院即原聖約翰大學，是我父親的母校，校園裡有兩棵上海最大的樹木，粗大的樹幹須四五人才能環抱，臨蘇州河有座磚牆爬滿青籐的美麗小教堂，前幾年我再去懷舊，巨樹沒有了，教堂沒有了，四週全是高樓大廈，令人沮喪。光華的一年是我少年時代最愉快的歲月，我的初戀之地，這個學校講明以升學為目的，政治氣氛相當寬鬆，文革一起就關門大吉了。

1963 年北京教育部下文要求高校招生落實階級路線，提出「大學校門首先向勞動人民子女開放」。全國幾所美術學院全部不在上海招生，只能投考上海戲劇學院舞台美術系。先專業試，兩千多人取四十，我通過了，再考文化科也過了，最後是口試，二十多人一個個進去，一出來大家就圍上去，「問你什麼？」「問我怎樣學雷鋒？」「問我對自由市場怎麼看？」

到我了，進去是一間巨大空曠的舞蹈教室，教室中央放着一張課桌，只有一個教師，我在對面一張凳子坐下，等老半天，教師慢慢抬起頭，問：「你什麼出身？」

　　「資產階級。」

　　半晌，冷冷地問：「你對你的資本家父親怎麼看？」

　　他目光如炬，直視着我，令我感覺自己是受審的罪犯。

　　「我父親是資本家，接受黨的改造，當然還有很多資產階級殘餘思想。他愛國愛黨，受到黨和國家的重視……」

　　對面那個一言不發看着我。

　　「他參加民主黨派，積極工作，也要我聽黨的話……」

　　還是一言不發。

　　我不知該說什麼，難道我說錯了？

　　父母 1950 年放棄美國的博士生和高薪前程，和二百多留學生返回祖國，這不算愛國嗎？回國後父親加入民主黨派，成為民建上海市委委員，受過劉主席接見，這不算聽黨的話嗎？

　　還是一言不發。

　　許久，「好了，你出去吧。」

　　完了？完了。

　　「完了完了，那叫政審。」父親聽了我的敘述，「你應該把我罵得狗血噴頭，現在完了。」

是的，完了。無產階級的革命文藝工作，怎麼能交到我手上。

我和大學的緣份盡了，我和上海的緣份也盡了。

— · —

五　新疆是我第二故鄉

榮毅仁的妹妹榮毅珍，盛丕華的夫人金日英來家裡動員我「聽毛主席話，走無產階級革命道路。」

1964 年 9 月 15 日一起上路的有榮毅珍的女兒胡尚凱，吳蘊初的孫子吳興傑，貝潤生的曾孫女，嚴仁美的女兒等【註】，去新疆建設兵團是我們「最好的選擇」。榮毅珍要女兒去最艱苦的農一師，顯然是一種政治表態，胡尚凱上了比我早一小時的另一列支青專列，她有嚴重胃潰瘍，上海統戰部給新疆建設兵團寫信要求為她一人煮米飯，但一個革命青年怎能接受這樣的特殊待遇，她和大家一樣吃包穀饃，兩個月後胃穿孔在送去醫院的拖拉機拖斗上，這個十八歲的如花少女，已經流盡了最後一滴血。

我在新疆十八年，文革中被打成反革命，監督勞動十四年，種玉米種菜，餵豬養牛。我的老同學蔣宇文被造反派打死，他父母和我父母同期在美留學，他出生在波士頓，這是他的罪名。

我們終於走出文革，見到了四人幫的覆滅，見到了撥亂反正改革開放，見到了國家民族的復興，1981 年我離開新疆到香港。

　　離開那裡幾十年了，常常迴夢，常常念想，那片美麗土地銘烙在我心中的，是風中錚錚作響的白楊林，是夕陽撒在雪峰的晚霞，是到天邊無盡的戈壁，是漫山漫坡的松樹林，是緩緩翻過山峰的白雲，是潺潺流過草原的小溪。我無比熱愛新疆的大自然，和新疆的和平原居民族，在我內心，新疆是我第二故鄉。

　　沒有誰，比和國家患難與共的一代更深愛自己的祖國；沒有誰，比與民族共度艱辛的一輩更愛自己的民族。我們這代人，出自內心感恩改革開放，感恩我們趕上了這時代。

1964 年 9 月 15 日
祖父在上海火車站為筆者送行

本文原載
《檔案春秋》上海市檔案館 2013 年第 1 期

【註】榮毅珍（1918-1995），榮毅仁之妹，當時任上海市靜安區政協副主席，吳蘊初（1891-1953）中國最早的化工工業天原、天廚公司創辦者，全國政協常委。貝潤生（1870-1947）上海早期最大的地產商，蘇州獅子林業主。嚴仁美（1915-）四十年代民國四大名媛之一，其祖父嚴信厚（1838-1907）是中國早期實業家，上海市商業會議所（市商會）第一屆總理。

冬日閣樓的陽光
——記憶中的充仁畫室

得知七寶鎮建立了張充仁紀念館，特地去看，見到了很多我少年時代熟悉的作品，很是興奮，不由想起充仁畫室那冬日閣樓的陽光。

— · —

—

張充仁先生 1907 年農曆八月十八出生在上海徐家匯，十四歲到愛爾蘭人安敬齋（F. Enry）創辦的土山灣印書館照像製版部，學習素描和法文，先生終生是虔誠的天主教徒。1931 年先生留學比利時，1935 年以油畫、解剖學、透視學三個第一名的成績，畢業於布魯塞爾皇家美術學院，1936 年 11 月歸國，開辦「充仁畫室」。張先生最早的學生中，哈定是當代著名水彩畫家，劉旭滄、簡慶福是攝影名家。

1957 年我十二歲進哈定畫室，三年後轉到哈定的老師張充仁門下，據說張先生是不收哈定學生的，徒子徒孫有別，我能破例入門，乃因我家和張先生數十年的深交。

1927 年金有成、陳魯衣創辦三一印刷公司，是當時中國最先進的美術印刷廠（現上海美術印刷廠前身），我祖父章榮初是主要投資者之一。1936 年三一公司聘自學成才的攝影家劉旭滄和美術教育家汪亞塵為編輯，出版《美術生活》月刊，為

張充仁先生歸國畫展作了專題，我祖父也成了張先生最早的顧客。

先生為我祖父母畫過肖像。1936 年祖父在家鄉浙江菱湖鎮創辦的青樹學校三週年校慶，社會賢達陳立夫、林森、潘公展、王世傑、陳布雷等題詞祝賀，張先生為我曾祖父章清儒做的一座騎鹿銅像，在學校揭幕（後毀於「大煉鋼鐵」）。

1944 年我父母結婚，張先生在我家畫了一幅木板油畫寫生，配上華麗的鏡框，作為給我父母的賀禮。這幅作品一直掛在我家客廳，文革中，我父親在畫上蒙了一張油畫《毛主席去安源》，乃得倖存。

— · —

二

我進入「充仁畫室」時，中國已歷經了反右運動的洗滌、興無滅資的掃蕩，畫室與琴房是上海僅剩的「私人機構」，「充仁畫室」被稱為私人美術學院。

在合肥路一條新式里弄裡的充仁畫室，是先生自置的三層樓房，客廳正面牆上掛着先生描繪抗戰難民的巨幅油畫，初入門的學生在飯廳臨摹先生由歐洲帶回來的素描畫冊。二樓是先生師母和孩子的臥室，寬敞的亭子間是高級班畫人體的教室。老師第一天見我帶去的寫生已有一定基礎，讓我跳級上了三樓學素描。

為了做畫室，三層的閣樓屋頂撐起加高，南北天窗，夏天

穿堂風通氣涼爽，冬日陽光直射入內，滿撒在四周的石膏塑像和頭像，盈室生輝，倍感溫馨，這些石膏塑像是先生歐洲遊歷時，在各大博物館所買從原作上直接翻製下來的，在中國絕無僅有。

我的第一課是畫石膏鼻子，兩小時畫完了，自覺不錯，拿到樓下去給老師看，想聽幾句誇獎，先生說：「我會上來看的，一張素描不是兩小時能完成的，你繼續畫，直到我說滿意。」第三周畫耳朵，感覺那鼻子畫得真差，再過兩周畫眼睛，又發現耳朵的缺點，到畫「貝多芬」時，我才真正懂得什麼叫素描功夫。

張先生說話慢悠悠，永遠帶着微笑，從不批評學生。有時他把眼鏡推到額頭，拿過我的鉛筆作示範：「你看看，這樣是不是好些？」當我們說出自己的想法時，他總是點着頭一口七寶口音說：「是啦咯，是啦咯。」我們感覺不到他是大畫家。

他要求我們，畫石膏頭像必須畫得和實物一樣大小，畫好後用尺一量，分毫不差。他說：「素描就是訓練手能夠正確地畫出眼睛看到的物體，這是繪畫雕塑最基本的功夫，許多老畫家都說，想好好再畫一幅素描，但是時間精力都已經不可能了，所以在學習階段打好素描基礎是最要緊的。」

站在閣樓南窗下，沐浴在和暖的冬日陽光裡，練習心、眼、手的一致，幾年中我逐個畫下了從貝多芬到阿波羅，到大衛，到美杜莎，最後是先生做的唐紹儀、劉國鈞、齊白石、馬相伯等民國要人的半身像。先生做的雕像還有蔣介石、司徒雷登、

于右任等,「解放」第二天,先生忍痛把自己的部份作品打碎。

留歐歸國的張充仁三四十年代在上海赫赫大名,但「解放」後默默無聞,毛主席定出的「政治標準第一、藝術標準第二」,不但是藝術品的標準,更是藝術家的標準。張充仁、顏文梁、林楓眠這些在西方鍍過金的,和江豐、王朝聞、劉開渠這些在革命中塗過土的涇渭分明、楚河漢界。張先生「解放」後只是上海美專一名普通教師。

張先生最精心的群雕「上海人民英雄紀念塔」1951 年以第一名獲得通過,並得到陳毅、潘漢年的肯定,這座雕塑和北京的同名作品相比,其藝術品位,有目共睹,卻被某些人指責將一名手抱嬰兒的女性放在工農兵前面屬於資產階級情調,終究未能建立。先生晚年還遺憾地說:「能不能樹立起來已不是我的事了,我只能爭取做到最好。」(沈默「一尊未豎立起來的城市雕塑」)

現在,美術史再次提到中國現代雕塑界「南張北劉」,劉開渠為毛澤東做的浮雕,成為毛選封面。1959 年國慶十週年,北京興建十大建築,張充仁獲邀「提意見」。先生對我說:「人民大會堂完全是蘇式的,兩百米長的屋頂一條直線,上面空蕩蕩什麼也沒有,我說最好上面擺幾組雕塑,否則壓不住。」這本來只是一個建築設計思想的問題,張的看法是歐洲建築的傳統觀點,卻遭到迎頭痛擊,劉開渠說今天我們已經翻身當家作主,不再需要誰來壓住。

「從此我再不說話了。」張老師說。

這是我唯一一次聽「南張」談起「北劉」，今天我們沒必要計較誰高誰低，但從這件小事可以看出當年的政治氛圍，是怎樣地影響了藝術的發展。

張充仁最好的作品，大多創作於三四十年代，五六十年代的「豐收」「工農聯盟」等，只是政治口號的圖解，藝術上乏善可陳，直到八十年代之後，我們才在「鄧小平」「埃爾席」等作品重新看見了老藝術家激情的光芒。

— · —

三

1960 年初我入張老師門下時，正是充仁畫室「青黃不接」之際，客廳裡三個初哥小朋友在畫臨摹，五六位高級學生已經完成素描階段，在亭子間關起門來畫人體，當年上海僅三個女人體模特秘密為幾個畫家工作。三樓只有我和一個長髮青年沈默，他先我半年入師門，今日沈兄已是中國最有成就的雕塑家，堪稱張先生衣缽傳人。

我畫完貝多芬時，三樓開始有了新同學，凌宏慶長我一歲，他的父親，滬江大學最後一任校長凌憲揚（1905-1960），上海「解放」時，各教會大學被軍管，凌憲揚以「披着牧師外衣的美帝特務」罪名被捕，宏慶進充仁畫室時，他父親瘐死獄中不久。

過了幾天，又來一新同學沈大平，鋼琴家李名強的堂弟名爵，美女張季華，最後一個是鄔承業，三樓人丁興旺起來。承

業大我四五歲，一表人才，風流倜儻，一個「社會青年」竟獲得當紅電影明星、上海電影專科學校 62 屆表演系頭牌畢業生朱曼芳的青睞，他們的女兒鄔君梅，今天是好萊塢著名華裔女星。

這批學生中，我年紀最小，但我卻是大家的師兄，他們作畫過程中總要請我指點指點，發表一些叫師弟們服服貼貼的評論，於是我便得了一個「小老嘎」的花名。

偶爾來畫室探望老師同學的，除了已是上海美協會會員的應芊芊，最有趣的要數徐元章，上海「顏料大王」周宗良的外甥，騎一輛破舊自行車飄然而致。同學們問他「最近在畫什麼啦？」他連連搖手：「沒畫沒畫，好久不畫了，畫不出了。」但他一身沾滿油畫顏料的衣褲，分明告訴大家，他正在用功。那時他正跟俞雲階學油畫，俞被打成右派沒了收入，上門教元章油畫混一口飯吃。徐元章的家，寶慶路 3 號，文革後碩果僅存的私人洋房之一，被孤聞寡見的新一代傳媒人譽為「上海灘第一私人花園」，元章更被稱為「上海灘最後老克勒」，開畫展開舞會，很是風光了一陣。想不到我和元章 2012 年在「張充仁誕辰 105 週年紀念畫展」上重聚，過了年餘他就去世了。

大師兄諸子凡是充仁畫室的特殊人物，半謝的頭頂顯示他年逾而立。六十年代沒有工作沒有單位的「社會青年」，是倍受社會歧視的異類，老師見他拮据，把一個白俄學生讓給他去家教。1985 年沈默移居香港，告訴我思念的子凡和建寧的消息。

大塊頭胡建寧，在我到充仁畫室時已「畢業」，一次建寧請子凡去看他的雕塑新作「熊家庭」，大師兄把我帶到胡家，對建寧說，「小老嘎很有眼力，讓他看看。」建寧非常好人，佛教居士，他的裝束在當時卻很突出，從頭到腳都是他在香港做古董生意的父親寄回來的，大紅格子襯衣牛仔褲緊緊裹住肥碩的身材。在香山路他家的二樓大臥室裡，擺滿了他在各地收羅的歷代石雕佛像。

文革後建寧和姚怡舟等加入了上海城市雕塑組。建寧對佛教藝術的研究，深得中國佛教協會主席趙樸初器重，他負責了內地多起巨大佛像工程，尤其是耗資億萬、高 108 米的三亞南海觀音，由他任總設計，功德無量。

— · —

四

1964 年我去新疆後，第一年還把所作的速寫寄回來給張老師看，但好景不長，66 年初就在所謂「四清運動」中被打成反革命，「監督勞動，以觀後效」。文革爆發，上海美校的學生到張充仁家去鬧革命，他們得知我是充仁畫室唯一一個「響應黨的號召，支邊新疆」的革命者，便冒充我的名義給張老師貼大字報，代我揭發控訴張充仁腐蝕青年的罪行，殊不知那時我已經戴了現行反革命帽子，在五千公里外接受批鬥，養豬種菜。

1975 年，文革強弩之末，偉大領袖毛主席終於鬆了口：「文化革命已經八年，還是安定團結為好。」我被解除監督勞動，

這年春節，在 64 年進疆後第一次回上海探親，也去探望張充仁老師。

　　他還在合肥路老地方，像所有牛鬼蛇神一樣，一家人擁擠在最小的一間房內，就是當年學生畫人體的亭子間。先生拉住我的手，一口七寶鄉音：「美校的紅衛兵來抄家，我所有的畫，被他們一齊撕光，所有的雕塑，被一齊敲光。」畢生事業，畢生辛勞，藝術家視之比生命更珍貴的全部作品，毀於一旦，毀於他的學生之手，毀於他的祖國之手。

　　此後我每年回滬探親都去看他，有次他拿出幾支水彩顏料說，「只剩這些了，英國老牌子，可惜沒有紙，我捨不得用。如果你能弄幾張獲特門紙，我給你畫一張。」我回家告訴父親，父親寫信給香港的親戚，不久收到一卷水彩紙，先生畫了文革期間唯一的作品，我三弟傑民也成了張充仁老師的關門弟子。

　　這些年他最大的安慰來自他生命的轉捩點歐洲，先生留學布魯塞爾時，經陸徵祥和戈賽神父介紹，結識了埃爾席。半個多世紀後，埃爾席已是歐洲最盛名的漫畫家，戴高樂說過：「在這世上，能夠和我較量的只有丁丁。」丁丁是埃爾席系列漫畫的主角，其中一本中國題材故事《藍蓮花》（《丁丁在中國》），是 1935 年埃爾席和張充仁合作的，畫中所有中文字都是張充仁所寫。

　　埃爾席給張先生的來信寫道：「是你讓我繼馬可‧波羅之後認識了中國，認識了她的文明、她的思想，她的藝術和藝術家，我仍然專心於《道德經》和《莊子》，這兩本書也是你向

我推薦的。」

　　先生告訴我他和埃爾席的友誼，這裡有他的青春、他的驕傲、他的得意、但我也聽出他的悲哀。「埃爾席信上說，我知道你現在是中國最有成就的雕塑家，我希望有機會看到你的作品。但我現在一件都沒有了，我拿什麼給他看？」老師黯然地說。

　　1981 年夏我赴香港前，到先生分配在紹興路的新家向他辭行。

　　先生說：「我要求把合肥路老房子還給我，那裡的屋頂是我特地為做雕塑改建的，文革時美校紅衛兵來抄家，把地板挖開，把三樓屋頂都檢查了。但現在他們不准我搬回去，他們還是懷疑我在那裡藏有黃金。」

　　這是我最後一次見到先生。1983 年先生移居法國，98 年10 月 8 日，病逝於巴黎。

為鄧小平塑像

為法國總統密特朗塑像

近年我又去過合肥路原先的充仁畫室，房子大門口掛了一塊木牌，寫着「張充仁舊居」，現在已住進了新主人，他們並不知道張充仁是誰，不知他們是否找到了那批黃金。

本文原載
《檔案春秋》上海市檔案館 2011 年第 12 期

【張充仁】（1907-1998）生於上海徐家匯，1921 年進入愛爾蘭人安敬齋（F. Enry）創辦的土山灣印書館照相製版部工作，學校素描和法文。1931 年張充仁留學比利時，1935 年以兩門第一、三門第二的成績，畢業於比利時皇家美術學院。1936 年歸國開辦「充仁畫室」，並任之江大學教授，「解放」後任上海美專教師，中國美術家協會上海分會副秘書長，上海油畫雕塑創作室主任。

1985 年張充仁應法國藝術收藏館之請，為自己雕塑了一隻右手，與畢加索、羅丹的手，同為該館永久收藏，全球藝術家獲此殊榮者僅此三人。然而，他在自己祖國所獲的聲譽，長期以來無法與其藝術成就匹配，大多數國人對張充仁聞所未聞。但是提到埃爾席（George Remi-Herge）《丁丁歷險記》中的《藍蓮花》，卻如雷貫耳。1934 年，張充仁結識了比利時漫畫家埃爾席，兩人建立了長達半個世紀的友誼，埃爾席的連環漫畫《丁丁歷險記》在歐洲風行三十多年，1949 年後，張充仁與埃爾席中斷聯繫，埃爾席創作了中國題材故事《藍蓮花》（《丁丁在中國》），讓丁丁在喜馬拉雅山洞裡，與老朋友「張仲仁」重逢。1981 年埃爾席邀請張充仁重訪比利時，受到國賓級歡迎。1983 年張充仁移居法國，1998 年病逝於巴黎。

【哈定】（1923-2004）張充仁最早的學生劉旭滄和簡慶福是當代最有成就的攝影家，而成為畫家的第一個學生是哈定，原名哈弼時，回族。哈定五十年代創辦「哈定畫室」。文革後哈定為上海油畫雕塑院一級美術師。1991 年定居洛杉磯，2004 年病逝。

【胡建寧】1932 年 5 月出生。師從顏文梁、張充仁，六十年代初拜蘇州靈岩山方丈妙真法師為師，受五戒成居士。文革後，胡建寧居士為政協委員、中國佛協理事、上海佛協副會長。受趙樸初委託，主持修復眾多寺廟和佛像，致力佛教藝術事業，海南島三亞的南海觀音就是他為總設計主持建造的。

【沈默】1932 年 9 月生，浙江嵊州人，原名沈至達，師從顏文梁、張充仁。文革後在上海油雕院工作，1982 年定居香港。曾為多位名人塑造肖像，有蔣經國、尤德、巴金、朱屺瞻、賀綠汀、俞振飛等，代表作《文革紀念碑》及上海龍華寺大雄寶殿「毗盧遮那佛像」。

【鄔承業】1965 年與著名電影演員朱曼芳結婚，他們的女兒鄔君梅十六歲從影，十九歲被意大利著名導演貝托魯齊選中，出演史詩片《末代皇帝》。此後鄔君梅進入好萊塢，蜚聲國際影壇。

【徐元章】（1945-2014），師從張充仁和油畫家俞雲階。1946 年，上海「顏料大王」周宗良移居香港，1952 年徐元章隨父母（周宗良女兒周韵琴、女婿徐興業）入住周家大宅寶慶路 3 號。文革後，徐元章在此開舞會開畫展，名騷一時，終於這所佔地五千平方的大宅，引致地產商垂涎而爆發了一場轟動上海的豪門遺產爭奪戰，徐元章被迫遷出。

【凌憲揚】（Henry Hsien-yang. Lin，1905-1960）1927 年畢業於滬江大學商科，1929 年獲南加州大學工商碩士。1944-1949 年，凌憲揚出任滬江大學最後一任校長。1949 年 5 月學校被軍隊接管，凌被迫辭職，此後滬江大學沒有校長。1952 年被政府接管，1953 年在院系調整中被撤銷。1951 年 4 月在「鎮壓反革命運動」中，凌憲揚以美國間諜罪被捕，1957 年初獲釋，當年 9 月再度被捕判十年，1960 年死於上海提籃橋監獄。

張充仁一幅未發表過的油畫

在我家客廳掛了幾十年的一幅油畫，是中國雕塑大師張充仁1944年的作品，經歷文革洗禮之後，張充仁以前的作品幾乎蕩然無存，這幅從未發表過的油畫，是他僅存的四幅油畫作品之一，彌足珍貴。

木板油畫「大理花」

張充仁先生1907年出生在上海，十四歲進中國西洋繪畫的搖籃——徐家匯天主堂土山灣印書館照像製版部，學習素描和法文，先生1931年留學比利時布魯塞爾皇家美術學院，1935年以三個第一名成績畢業，1936年11月歸國。

張先生得上海著名美術雜誌《美術生活》資助開畫展，該雜誌由當時中國最先進的美術印刷廠三一印刷公司（現上海美術印刷廠）出版，美術教育家汪亞塵和攝影家劉旭滄為編輯。三一公司1927年由金有成、陳魯衣創辦，我祖父章榮初是主要投資者，我祖父也成了張先生最早的顧客。

1937年祖父在家鄉浙江菱湖鎮創辦的青樹學校三週年校慶，社會賢達陳立夫、林森、潘公展、王世傑、陳布雷等題詞

祝賀，張先生為我曾祖父章清儒做的一座騎鹿銅像，在學校揭幕（毀於 1957 年）。

1944 年 4 月我父母結婚，張先生在我家畫了一幅木板油畫寫生「大理花」，配上華麗的鏡框，作為給我父母的賀禮。

張充仁畢生作品以雕塑和水彩畫為主，油畫較少。創作這幅油畫時，他年輕氣盛，技巧嫻熟，筆觸果斷明快，用色濃郁厚實，因為是即興寫生，用筆極俱動感，一氣呵成，很有青春活力。當時他歸國不久，現顯了強烈的歐陸風格，和他後來鑽研中國書畫傳統確立自己風格後有較大區別，對照一下他遊歐寫生和四十年代後的水彩作品，尤為明顯。

1966 年秋，破四舊之風從北京刮到上海，恐怖氣氛瀰漫四周。我父親回家，在家門口見到他單位造反派貼上的大字報，勒令他向造反組織報到，接受審查，嚇得臉都青了。母親把一盒幾十顆鑽石統統倒進了抽水馬桶，轟隆一聲巨響，一筆財富滾進了化糞池，回歸大自然。

父親站在凳上把牆上這幅油畫取下來，但想來想去沒地方可以窩藏，這時我三弟傑民拿來一張 1936 年斯諾在延安為毛主席拍的照片——照片原是黑白，文革時塗了色，主席紅光滿面，身着藍色紅軍制服，軍帽中央一顆紅星閃閃發亮，領袖微蹙眉頭，睨斜猜疑的眼神傲視一切。三弟用這張寶像把大理花嚴嚴實實包了起來。過了兩天，造反派終於殺上門來，翻箱倒櫃，搜掠所謂黃金美鈔變天賬，竟沒有看看毛主席背後的乾坤。

1967 年 10 月，北京工藝美術學院學生劉春華畫出了油畫

「毛主席去安源」，這是文革期間最偉大的「藝術作品」。畫上的青年毛潤之，身穿布長衫，手提油布傘，迎風冒雨，英姿颯爽，器宇軒昂，大步流星，去安源領導工人運動。三弟買了一張回來，竟和張充仁的「大理花」一樣大小，分毫不差，於是恭恭敬敬把去安源的毛主席請了上去。從那時起，張充仁就躲在了毛主席的油布傘底下，躲過了二月逆流五一六，文攻武衛大批鬥，十九黨大一片紅，批林批孔批周公，直到文革結束，張充仁終於重見天日。

七十年代末到八十年代初那幾年，在古典音樂的氛圍和母親親製的西式點心香氣中，我家成了上海一個文藝沙龍，新生代畫家夏葆元、陳逸飛、魏景山、陳丹青、林旭東、韓莘、趙渭涼、陳家泠、賴禮痒，作家白樺、蕭馬、嚴歌苓等，來我家一眼看見這幅畫，都在畫前站立觀賞良久，聽說了我家與張先生的舊交和這幅畫的故事，不勝感嘆。陳逸飛初次來我家，站在畫前看了很久說：「還是老畫家的東西最好啊。」最年輕的韓莘第一次看到該畫，驚訝地說：「竟然在這裡見到張充仁的油畫原作，實在不可思議。」

文革後期我和三弟多次去看張充仁老師，三弟成了他的關門弟子。張先生得知我家保全了他那張油畫，欣慰地說：「我先前知道我的油畫只剩三張，那麼你家保存的是第四張了。」

八十年代初，我全家分別移居美國香港，父親把這幅傳家寶帶去了美國，現在，這幅從沒發表過的作品，由我三弟收藏在洛杉磯家中。

2012年此畫在上海美術館「張充仁誕辰105週年紀念畫展」中首次展出。

本文原載
上海《東方早報》藝術評論版 2012 年 6 月 25 日
《作家文摘》北京作協 2012 年 7 月 13 日轉載

走上空無一人的羅湖界橋

一

1977 年冬，當大雪覆蓋西北大地的時候，一封來自香港的信寄到了我所在的新疆建設兵團農七師，一時間成了當地的大新聞。

事情還須從十多年前說起⋯⋯

1964 年，我從上海支邊到新疆。才兩年時間，因為家庭出身問題，被「戴上反革命份子帽子，交群眾監督勞動」，餵豬、養雞、放牛、種菜。

1976 年，「四人幫」被粉碎，很多支青開始想方設法回城，或佯裝身體有病，或借口接替退休的父母，我沒辦法可想，只能留下來安心改造。

1977 年，我父親小學義結金蘭的兄弟、我的義父沈先生【註】，應邀從香港到北京參加國慶觀禮，結束後來到上海，父親和他幾十年不見，臨別提出請他幫我「動一動」。

幾個月後，沈先生從香港發來了文章開頭所說的那封信，邀我去香港念書，學成回來建設四化。消息傳開，所有人都驚住了，香港來信要一個改造了十幾年的「反革命份子」去外國，這可能嗎⋯⋯

公安局的回答是：你寫個申請吧，現在黨的政策對外開放，你可以出去學習生活。

十一屆三中全會的春風已經吹拂中國大地，潤雨開始降在神州心田。

——．——

二

上世紀七十年代末一般人對「出國」的想象是沒有的，生活中這種機會基本為零。文革動輒「叛國投敵」的帽子，依然有它殘留的陰影，讓人不寒而慄。但舊時代畢竟過去了，南窗的熏風已經吹到中國大地每個角落。當年香港還是伊利莎白女王陛下的「屬土」，所以到香港也必須按出國要求履行審批。

改革開放第一步是對港資開放。1979 年 1 月，香港總督麥里浩爵士訪問北京，和中央政府達成每年移居香港人數的協議，每天 75 名單程、150 名雙程，名額主要給廣東福建，分到全國其它省份很少，新疆的配額是每月 2 名單程、4 名雙程。

好事多磨。在什麼都要「煙酒煙酒」「開後門」的時代，我有病亂投醫，走了很多門道，但都一一失敗。從接到來信算起，一晃三年過去了，我還在等待批准。

一次次去新疆自治區公安局外事處探問請求，接待室走廊的長凳上，一早就坐滿了戰戰兢兢的申請者，一個個提心吊膽進去，然後一個個垂頭喪氣出來。

我絕望地離開公安局，坐上 8 路公交車。

中午時分車很空，我坐在中門前——當時的公交車有前中後三個門——到站我起身，一農民拖了幾個大麻袋擋在我前

面，我只得到後門下車。剛下車，就和一個路人撞了個對頭，一看，啊！小張！

小張，張中民。出身上海郊縣松江農家，1963 年上海支邊青年，出身好，黨員，留在新疆自治區黨委工作。

和小張的結識還要從兩年前講起。「反革命份子要出國了」的消息在只有兩萬人口的小地方不脛而走，一天有人敲門，我開門一看不認識，來人自薦說可以為我出國提供幫助。說是機修廠有位工人，其岳父是烏魯木齊大官，只要他去說一聲，什麼事都迎刃而解。我聽了大喜，與此人一起去見大官女婿，答應事成必重謝。我拿了女婿的信到烏魯木齊去見傳說中神通廣大的大官。

老田是老八路，級別雖是廳局級，卻毫無官架，和藹可親，家居簡樸，當時老幹部大多如此。三十年代山東人只有兩條出路，一是走旱路闖關東，二是走水路去高麗，老田二十出頭就去了釜山，積了點錢回家探親，正逢抗戰激烈，就在家鄉參加了八路軍。他說：「很多人不懂，華僑是最愛國的。」對我的出國一點不反感，為我托了好幾個關係，但最終對我說：「我實在沒辦法幫你，以後你到烏魯木齊來，仍住我家，當自家人。」我幾次住在田家，稱他們爸爸媽媽，真如一家。

1980 年春節前，我在田家已住了半個月，準備明天回上海過年。

「老田在家嗎？」門外有人叫。

家裡只有我，進來一個年輕幹部，自我介紹是自治區黨委幹部叫張中民，來給老幹部送年貨，我們坐下交談，原來小張也是支青，這是我和他的第一次見面，未有深交。想不到一年後，他成為我「芝麻開門」的領路人。

我在烏魯木齊焦躁周旋三年，我單位已把我當「統戰對象」了，他們不了解審批程序，覺得公安局都批了，總該說走就要走了。其實我的申請書壓在公安局外事處的卷宗堆裡，要不是小張的出現，不知要排到猴年馬月。

一 · 一

三

山窮水盡疑無路，柳暗花明又一村，這天我離開公安局，坐上 8 路車，下車時，張中民神奇地突然出現，我一下車就和他撞了個正着。

「哎，小張！好久不見。」

「哎，小章！哪兒去？」

寒暄幾句後，我隨他回到不遠處的他家，他的同鄉妻子小孟一陣忙碌準備晚飯，我和小張聊起這三年的奔波。

「哎啊，那太巧了，侯局長我們天天見，我和你去走一趟就是了。」原來張中民是自治區黨委常委秘書，公安局侯局長是常委委員，這些天正開會傳達中央關於改革開發的文件，小張和侯局長一個組，天天見面。

三天後，會議結束了，晚飯後，天朗氣清，西邊的天際淡淡一抹淺紅，我和小張到了黃河路公安局。當年領導幹部沒有城中豪宅郊外別墅，更沒有豪華汽車警衛保鑣，所有幹部都住公安局後面的家屬院裡。

　　「侯局長在嗎？」局長家連門都沒關上，我們徑直就進去了。

　　局長從樓上下來：「啊，張秘書來啦，坐坐。」

　　侯局長，新疆維吾爾自治區公安局局長，大嗓門，粗壯豪爽的北方人，我遞上一支鳳凰牌香煙，他搖搖手放在桌上。

　　小張和他聊了幾句會議話題，轉而把我的情況告訴局長。

　　「你去把孫科長叫來。」局長對小張說。

　　一會兒，外事處簽證科孫科長，跟小張來了。

　　「小章同志的申請你們研究過嗎？」

　　「研究過了，凡符合政策的，我們會審批的。」

　　「什麼時候可以辦呢？」

　　「還得看看，要排幾個月吧。」

　　「幹嘛還要幾個月，符合政策就辦了吧。」

　　「是，是，我明天就辦。」

　　孫科長轉頭對我說：「明天上班你來。」

　　局長軍人氣概，談完就完，我們道謝出來，前後不過半個

來小時，在盛行「煙酒煙酒」的上世紀八十年代初，他連一支煙都沒接。

第二天，我一早就到了公安局外事處，走廊的長凳上已經坐了五六個心事重重的申請者。科長九點準時到，和我親切招呼，我跟他進了房。

「坐，坐，你把名字年齡寫一下。」

我在白紙上寫好自己的資料，孫科長從櫃子裡拿出一本空白「來往港澳通行證」，問：「你是單程還是雙程？」

我第一次聽到還有單程雙程之分，心一橫，答道：「單程。」

他沒有拿出我的檔案，沒有查閱我的申請，沒有看任何文件，就大筆一揮填上我的名字，蓋上「單程。」印章。天哪！如果我根本沒有申請，沒有提供任何證明，今天照樣可以拿到這份性命攸關的出國證件。三年來，要香港擔保人給公安局寫信，要關係公證、財產公證，一項一項要求我都辦齊了，現在全白費了，局長一句話，什麼都不需要了。

科長把「通行證」給我，然後對我進行一番例行教導，態度很親切，言語很委婉。

「小章同志，你要出國了，我有幾句話必須和你講。香港是全世界的間諜中心，帝國主義對社會主義中國亡我之心不死，可能你一過羅湖橋，就有美蔣特務上來拉攏你，給你錢，給你介紹工作，拖你下水，什麼事都可能發生。你千萬要注意，到那邊，可不像我們這兒大家都是革命同志，那邊人很複雜，

社會很複雜，你一定要當心啊。」

我牢記又牢記，感謝又感謝地告辭出來。

十四年監督改造，竟這樣戲劇性地落幕，倒是萬萬沒有想到，我真的要走了。

—·—

四

在烏魯木齊我憑退職證明，把十七年工作的全部積蓄 780 元人民幣兌換了兩千多元港幣。1981 年 9 月 20 日，從上海到廣州，立即到火車站憑出境通行證買到深圳的車票。當年廣州到深圳一天只有兩班車，上午一班普客，下午一班快客。

次日一早，五點半開車，駛出廣州，太陽升起，藍天白雲，頭戴黑布邊大草帽的農婦行走在水稻阡陌，群群水牛在樹叢下反芻納涼，一派嶺南風光。火車速度很慢，站站都停，到樟木頭（就是現在的東莞）上來幾個邊防戰士查看證件，除了少數持出境證的港客，大多是深圳一帶持「邊境居民證」的邊民。走走停停，到達深圳已是中午十一點過後。

火車無聲無息停下，沒有任何廣播通告，也找不到列車員，我隨人群下車，一腳就踏在路軌的碎石上，當年的深圳車站連月台都沒有。我環顧四周，人煙稀少，只有幾處低矮破殘的灰色瓦房，東倒西歪在大片金黃的稻田中。

其實，這個邊境小鎮的劇變已在萌孕中，1979 年鄧小平指示廣東省委第一書記習仲勛開發深圳特區，為改革開放「殺出

一條血路來」，1980 年 8 月 26 日深圳特區成立。但我到達這裡時，一切變化還沒開始。驕陽當空，空氣清新，微風從南方的境外吹來，這就是資本主義之風，自由之風。

一個女人上來，擺動一雙手，說着我聽不懂的語言，我知道那是十塊錢把行李挑到邊關，她用扁擔挑起我的行李，三五十步路一轉彎就到了邊關。這所謂邊關，只是一座大竹棚，裡面沒有燈，進去好一會兒才適應裡面的昏暗。我還四周看新鮮，一個工作人員催我趕快，「快進去吧，十二點就吃飯休息啦，要等幾個鐘頭才上班呢。」

人群排着兩行隊伍，總共就五六十人，海關檢查很慢，邊防戰士用審視的眼光打量每一個出境客，尤其是第一次出境的內地人。

「你去香港幹什麼？在那邊有什麼人？」邊防軍人接過我的證件，神情嚴肅地提問，如炬的目光仿佛看穿我的內心。

「我叔叔要我去接受財產，回來支持祖國四化建設。」除了這類套話，我不知該說什麼。

軍人盯着我看了足有一分鐘，拿出圖章在證件上蓋了印還給我。

再前面的門口又一個軍人，最後核對一下證件上的照片，我跨出了邊境檢查站。面前就是深圳河上的中英界橋，呵，真的要離開了。

這座大名鼎鼎的羅湖橋，短短不過三十米，橋面上兩條鐵

軌，是當年中國大陸和香港之間唯一的交通，中國百分之七十的外貿就是經這裡進出中國大陸。

橋邊有個小小的空地，幾隻石凳，當火車通過時讓過橋者停留，我前後幾十人全走了。我在石凳上坐下，周圍一個人也沒有，我要獨自靜靜享受這步上新途前的最後時刻，讓自己的心停下來細細品味這來之不易的一刻。

十二點四十分，我走上空無一人的羅湖橋，沒有美蔣特務上來招呼我。

我向對岸高高飄揚英國米字旗的檢查站走去。

本文原載
《檔案春秋》上海市檔案館 2013 年第 4 期

【註】沈本瑛（1921-2012），浙江省湖州雙林鎮人，1949 年從上海到香港，1966 年創辦香港唯一圖書發行公司利通圖書公司，八十年代起擔任香港圖書文具業商會理事長直至去世。

詩與遠方

近年人人在說，無奈苟且眼前，寄情詩與遠方。

我的遠方是新疆，它很遠，它也不遠。

那裡，埋葬着我的青春，埋葬了我的理想，埋葬了我此生很大部份的情感。

那十八年若竟也有詩，只能是苦澀的哀歌，隨着歲月流逝，餘音裊裊，恰如生命之纖弱，和思念之悠長。

思念。離開四十年，回去過四次。

1991 年與新疆朋友小朱在烏魯木齊開辦邊貿公司，以石河子的砂糖，換取俄羅斯的建築鋼筋。北疆鐵路通車不久，從烏魯木齊經奎屯，在西陲阿拉山口出境，穿過中亞細亞哈薩克斯坦諸國，通向歐洲。

我們開車到阿拉山口邊關，和老毛子交易。驅車駕上邊界中國一側駐軍部隊的小山包，爬上火炮地堡上的瞭望塔，放眼千里，邊境遼闊大地一覽無遺，望遠鏡下哈國多斯特克小鎮

在邊防站與駐軍連長
（1993 年）

人車歷歷可數。不知是否還有張騫、班超留下的遺物可尋覓。

時隔十年，2004 年專程去攝影，烏魯木齊到奎屯通了高速公路，以前六小時車程現在只要兩小時，我驚訝原先公路兩邊的戈壁變成了萬頃良田。公路行駛在成片大田中，一路碧綠的莊稼，甚是喜人。入夜時分到了奎屯，油然憶起四十年前第一次進入奎屯的情景，恍若隔世，感慨萬千。

奎屯北上，阿勒泰山漫山遍野森林覆蓋，額爾齊斯河清澈冰涼，奔騰咆哮，從這裡一直流向北冰洋。布爾津充滿異國風情，有種到了俄羅斯的錯覺。

奎屯向南進入天山的公路，是文革時為應對「蘇修侵略」而開鑿的國防公路，全靠人力，幾乎無機械，費時十年，犧牲頗多，我離開新疆時那裡還是禁區。現在這條獨庫公路（獨山子 - 庫車）穿越新疆最美麗的天山腹地，遊人如鯽，它的艱難身世幾乎已淹沒在歷史塵埃中，唯有喬爾馬那座烈士紀念碑，孤寂地訴說着過去，緬懷為這條路犧牲的解放軍工程兵。

天山是南北兩條平行的山脈，中間一片肥沃的草原，伊犁河穿行東西，在霍爾果斯流出國境。這片延綿八百公里的草原，東起天鵝棲歇地巴音布魯克草原，經廣袤無垠的鞏納斯草原，秀美起伏的那拉提草原，到國境西陲帕米爾高原深處的夏台草原。遙望天山，北坡茂密的塔松，南坡一溜傾斜的草場，在高聳屹立的山巔，是覆蓋在青紫色花崗岩上耀眼的千年積雪，和藍得像大海一樣的天空。六七月，及膝的牧草開滿紅、黃、藍、白、紫色的花，海拔三千六百米的玉希莫勒蓋隧道裡，去年冬

季的冰雪還沒融化。九月中旬之後，秋葉象火一般燃燒，數百年過着儉樸規律生活的牧民，把羊趕到山下的巴扎（集市），換回一年的日用品，上山準備轉場過冬。

我們的風景，他們的家園；我們的驚喜，他們的日常；我們的新奇，他們的無邪。

中國九千六百萬平方公里土地上，新疆腹地是碩果僅存、少數未經玷污的大自然，人跡稀少的真天地。

我愛新疆，那裡的土地是乾淨的，那裡的天空是湛藍的。

我愛新疆，它陪伴了我的生命，見證了我的苦難，那片土地下，埋葬着我的青春。

它是我心靈故鄉的一部份。

本文原載
《新疆青年》2006 年 3 月

山不轉水轉

在香港四十年，退休了，是時候完成畢生的心願，去旅行，去攝影，去繪畫，去看看世界的山河，去貼近大自然的心靈。

我們租用攝影家王建軍的吉普車，從成都沿川藏高原邊緣，一路駛向雲南麗江。雅安、康定、瀘定、新都橋，翻越4270米的扎多山，理塘，稻城，得榮，沿長江上游金沙江南下，對岸就是雲南。

中國民諺「山不轉水轉」，到此乃知千真萬確。

在奔子蘭橋過江到西岸，駛向雲南西藏交界的德欽縣梅理雪山。車程半小時後開始翻越橫斷山脈，盤旋幾個S型轉彎就見到金沙江在腳下委婉流淌，兩岸崇山峻嶺，層層疊疊，一山更比一山高。

停車步向山崖前，對岸一座圓錐形的山峰傲然屹立，擋住了滔滔江水，當仁不讓。金沙江還沒形成三峽那樣的激流，在此祇得向擋路的山岩低頭，以一個 270 度的大轉彎，繞過蠻不講理的頑石，灑脫而去。

　　這個被驢友們稱之謂「金沙第一彎」的，是由滇入藏必經之處，每個途人都在此停車拍照，向母親大江敬禮。

　　滾滾長江水，就這樣經過青藏高原的蘊育，雲川峽谷的磨礪，最終成就浩浩蕩蕩，橫無邊際的寬廣胸懷，千帆競渡，大江東去的宏壯氣魄。

　　這，就是長江！這，就是中華民族之魂！

本文原載
香港《中國旅遊》2009 年 7 月

編後記

　　年過花甲，舊事越發清晰，證明自己確實老了。曾偶爾進入一個懷舊網站，上海著名作家金宇澄等辦的《弄堂網》，寫了幾篇家史回憶文章，引得上海市檔案局一位編輯的留意，囑我寫祖父的完整記敘，之後，我在內地刊物陸續發表了二十多篇，現在按時間先後集為一冊，事件大致是相連的。

　　本書第一輯十三篇是記敘筆者祖父章榮初在上世紀三四十年代的故事，第二輯記錄的是筆者父母的往事，從四十年代到九十年代，最後一輯是筆者自己的回顧，這三輯跨越了一百年三代人。

　　寫作時，我重讀了祖父留下的自傳《我在舊社會的三十五年》，這是 1963 年他應上海政協文史部門所邀而作，這部十五萬字的回憶錄記錄了大量第一手資料，但因文革未曾面世。

　　章榮初在六十年代初階級鬥爭風聲鶴唳下寫三四十年代人和事，諸多顧忌，如寫到和國民黨的關係必然避重就輕。以一例說明之，1934 年章榮初的上海紡織印染廠承印青天白日滿地紅「黨國旗」。他在回憶錄中一筆帶過，筆者查當年《申報》大量報導，此事由國民黨中央宣傳部、社會部和上海市黨部主持，隆重其事，盛極一時，若只看回憶錄「一面之詞」，會致失真。

我得到上海市檔案館、上海社科院歷史研究所、南京民國研究院等機構研究員和社會文物收藏者的熱心幫助，取得很多原始資料。我在祖父的故事中插入歷史人物和事件背景，以期今日讀者能感受當時的社會氛圍和社會百態。

　　中國二十世紀私營企業發展史，是中國近現代史重要一環。對今日中國的改革開放，是一份不可多得的寶貴資產。筆者秉承客觀立場，將史實展現，以自己的家史，對二十世紀中國歷史作一側面綜述。

　　對今日大多數青年，這些歷史已經很遙遠、很隔膜了，對我來說，仿佛還是昨天，歷史的一瞬間，就是人的大半生。唏噓之餘，留下我們每一代人的足跡，讓後人知道前人從何而來，每個個人的歷史，每個家庭的歷史，也是民族與國家的歷史。

主要資料來源

章榮初：《我在舊社會的三十五年》手稿 1963 年

章志鴻：《我在新中國的四十年》手稿 1992 年

李惠民：《章榮初》浙江人民出版社 2006 年

章君穀：《杜月笙傳》台灣傳記文學出版社 1968 年

羅蘇文：《高朗橋紀事》上海人民出版社 2011 年

王　菊：《近代上海棉紡業的最後輝煌 (1945-1949) 》上海社
　　　　會科學出版社 2004 年

上棉三十一廠黨史工運史辦公室編：《上海第三十一棉紡織廠
　　　　工人運動史》 中共黨史出版社 1991 年

鍾　華：《江南市鎮早期現代化建設的一次嘗試—以菱湖戰後
　　　　重建 (1945-1949) 為例》，刊《明清以來長江流域社
　　　　會發展史論》武漢大學出版社 2006 年

彭南生：《抗戰勝利後江南市鎮建設中的民間力量》，刊《江
　　　　蘇社會科學》 2006 年第 4 期

陸和健：《上海資本家的最後十年》甘肅人民出版社 2009 年

布賴‧馬丁：《上海青幫》上海三聯書店 2002 年

郭緒印：《老上海同鄉會團體》上海文匯出版社 2003 年

湖州市政協文史委員會編：《湖州文史》第八、九、十一等輯

上海市檔案館館藏文獻

網　頁：浙江省、湖州市、菱湖中學、美國青樹教育基金等

銘　謝：上海市檔案館，上海市社科院歷史研究所，南京民國
　　　　研究院，上海文物收藏家黃炳振先生。

家事國事天下事

―― 杜月笙「恆社」風雲人物
章榮初三代人一百年的回憶

作者：章濟塘
編輯：林　靜
設計：青森文化設計組
出版：紅出版（青森文化）
地址：香港灣仔道 133 號卓凌中心 11 樓
出版計劃查詢電話：(852) 2540 7517
電郵：editor@red-publish.com
網址：http://www.red-publish.com

香港總經銷：聯合新零售 (香港) 有限公司
台灣總經銷：貿騰發賣股份有限公司
　　　　　　新北市中和區立德街 136 號 6 樓
　　　　　　(886) 2-8227-5988
　　　　　　http://www.namode.com
出版日期：2024 年 2 月
圖書分類：傳記 / 近代中國史
ISBN：978-988-8868-29-2
定價：港幣 110 元正／新台幣 440 元正